U0928661

城乡统筹背景下的重庆农民工家庭城市融合研究

史学斌 

西南财经大学出版社
Southwestern University of Finance & Economics Press
中国 · 成都

图书在版编目(CIP)数据

城乡统筹背景下的重庆农民工家庭城市融合研究/史学斌著.—成都:
西南财经大学出版社,2016.11
ISBN 978-7-5504-2693-1

Ⅰ.①城… Ⅱ.①史… Ⅲ.①民工—城市化—研究—重庆
Ⅳ.①D422.64

中国版本图书馆 CIP 数据核字(2016)第 257490 号

城乡统筹背景下的重庆农民工家庭城市融合研究
史学斌 著

责任编辑:李晓嵩
封面设计:何东琳设计工作室
责任印制:封俊川

出版发行	西南财经大学出版社(四川省成都市光华村街 55 号)
网　　址	http://www.bookcj.com
电子邮件	bookcj@foxmail.com
邮政编码	610074
电　　话	028-87353785　87352368
照　　排	四川胜翔数码印务设计有限公司
印　　刷	四川五洲彩印有限责任公司
成品尺寸	170mm×240mm
印　　张	7.5
字　　数	135 千字
版　　次	2016 年 11 月第 1 版
印　　次	2016 年 11 月第 1 次印刷
书　　号	ISBN 978-7-5504-2693-1
定　　价	48.00 元

前 言

改革开放以来，我国的人口城市化进程加速发展，数以亿计的人口离开世代居住的农村，迁移到城市。但是，这些完成了居住空间转换的人口，并没有真正融入城市进而形成新的城市居民群体，而是一直处于农民与市民的中间状态。具体来说，他们的居住空间和生产方式完成了从农民到市民的转变，而户籍和社会心理层面则未完全融入城市。这一人口群体被人们形象地称为“农民工”。数以亿计的进城农民工无法享受到城市文明的光辉，游离于城市社会与农村社会的边缘，一方面加剧了城乡差距，引发了诸多社会矛盾，不利于和谐社会的建立；另一方面也不利于我国经济转换增长方式，扩大内需，推进我国城市化与现代化进程的健康发展。因此，近年来学术界对我国这一独特的人口城市化现象给予了高度关注，开展了大量的研究工作。

重庆历来是我国重要的流动人口来源地，也是一个具有典型的大城市与大农村并存格局和二元经济结构特征的西部大城市。无论是流出的重庆籍农民工，还是流入的各地农民工，规模均十分庞大。因此，重庆面临着农民工城市融合的艰巨任务。尤其是被国务院确定为全国统筹城乡综合改革配套实验区后，重庆还肩负起了探索以城乡统筹发展为特征的人口城市化新模式的责任，这一任务就显得更加迫切了。

本书正是在我国人口城市化和重庆城乡统筹的大背景下开展研究的

最新成果。其目的就是通过对重庆农民工家庭城市融合问题进行系统研究，为重庆统筹城乡改革试验拓展改革思路，为进一步深化改革提供借鉴，进而为我国农民工城市融入问题的顺利解决、推进我国人口城市化进程健康发展，提供一些研究资料。

为了达到以上目的，本书的整体结构和内容设计如下：

1. 导论

这部分主要是对农民工家庭城市融合的研究对象、视角、方法、意义做一界定与阐释，并对已有研究做一系统梳理。

2. 城乡统筹和农民工城市融合的理论与重庆的实践

这部分主要对城乡统筹概念、城乡统筹与农民工家庭城市融合的关系进行了系统的理论阐释，并对当前重庆城乡统筹的经济、社会背景以及城乡统筹相关制度政策的具体规定和主要做法进行研究。

3. 重庆农民工家庭城市融合的现状分析

首先，我们以家庭为单位，通过科学的抽样设计，对当前重庆农村流动人口在就业、社保、医疗、教育、居住、婚姻、文化生活、社会网络、政治参与、心理认同等方面的基本情况进行调查。这部分主要通过对抽样调查获得的数据进行因子分析，获得农民工家庭城市融合的因子结构，并在此基础上，构建农民工家庭城市融合度。我们通过分析重庆农民工家庭城市融合度和各维度融合度，掌握重庆农民工家庭总体城市融合状况。其次，我们利用抽样调查数据，选择若干有代表性的指标，在各维度上对农民工家庭城市融合状况进行描述统计分析，以进一步刻画重庆农民工家庭城市融合状况。最后，我们基于以上统计分析结果，归纳出重庆农民工家庭城市融合的特征。

4. 重庆农民工家庭城市融合的影响因素及其作用机制分析

这部分结合已经发现的重庆农民工家庭城市融合的因子结构，基于调查数据，选取了一部分主要影响因素，对农民工家庭城市融合进行回归分析，以分析这些因素对因变量的影响，并在此基础上，分析各影响因素对重庆农民工家庭城市融合的作用机制。

5. 重庆农民工家庭城市融合的问题分析

通过对重庆农民工家庭城市融合状况的现状调查和理论分析，我们认为当前重庆市农民工家庭城市融合中主要存在整体融合水平低、正式社会支持网络主导性缺失、就业质量低、社会保障力度仍显单薄、公租房对农民工城市融合的负面影响、转户的机会成本提高、文化与心理融合未来挑战大等问题，并对这些问题进行了详尽阐述。

6. 促进重庆农民工家庭城市融合的对策研究

这部分主要是针对重庆农民工家庭城市融合中存在的主要问题，基于农民工家庭城市融合的作用机制，在户籍制度、就业、公租房、社会保障、社区等方面提出了对策建议。

作为一种探索性研究的成果，本书的局限性在所难免。第一，囿于研究条件的限制，我们进行抽样调查的范围和样本量仍显不足，这可能会导致对一些农民工及其面对的城市融合问题有所遗漏。第二，本书强调农民工作为城市融合的主体地位，并将农民工家庭作为调查对象。这在一定程度上忽略了对农民工城市融合有重要影响的城市居民和雇主的作用。第三，农民工的垂直流动和社会分层问题也属于城市融合的内容，囿于研究条件和篇幅的限制，本书没有涉及。所有这些问题应当在后续研究中予以重点考虑，并加以解决。

本书虽然是在广泛实证调查基础上，经过反复思考撰写而成的，但是面对如此错综复杂的社会现象，我们深感研究能力的不足。在此，恳切希望本书得到读者和学界同仁的批评指正。

本书的研究项目得到了重庆市社科规划项目的资助，在此谨致衷心感谢。

史学斌

2016年5月于重庆

目 录

1 导论

1.1 问题的提出

20 世纪 70 年代末 80 年代初的改革开放掀起了我国波澜壮阔的人口城市化浪潮，大量农村剩余劳动力开始涌入城市。根据国家统计局公布的数据，2012 年全国农民工总量为 26 261 万人，比 2011 年增长 3.9%。其中，外出农民工 16 336 万人，增长 3.0%；本地农民工 9 925 万人，增长 5.4%。① 在空间分布上，农民工几乎出现在所有大中城市和小城镇，成为建筑业、采掘业、制造业、服务业等行业的主力军。

30 多年来，农民工在为城市建设做出了重大贡献的同时，由于社会制度的制约，众多农民工并没有真正融入城市并形成新的城市居民群体，而是一直处于经济和居住层面融入城市，而社会和心理层面未融入城市的“半城市化”状态。② 数以亿计的进城农民工无法享受到城市文明的光辉，游离于城市社会与农村社会的边缘，一方面加剧了城乡差距，引发了诸多社会矛盾，不利于和谐社会的建立；另一方面也不利于我国经济转换增长方式、扩大内需，阻碍了我国城市化与现代化进程的健康发展。

重庆历来是我国重要的流动人口来源地，也是一个具有典型的大城市与大农村并存格局和二元经济结构特征的西部城市。根据重庆流动人口监测数据，2013 年重庆外出务工流动人口 1 043 万人，其中外出至市外的人口 532 万人，市内流动人口 511 万人。此外，2013 年重庆还有 211 万市外流入人口。可见，重庆面临着农民工城市融合的艰巨任务。尤其是在被国务院确定为全国统筹城

① 中华人民共和国国家统计局. 中华人民共和国 2012 年国民经济和社会发展统计公报 [M]. 北京：中国统计出版社，2013.

② 王春光. 农村流动人口的“半城市化”研究 [J]. 社会学研究，2006 (5).

乡综合改革配套实验区后，重庆肩负起了探索以城乡统筹发展为特征的人口城市化新模式的责任，这一任务就显得更加迫切了。

1.2 国内外研究现状

1.2.1 国外研究现状

农民工是我国特有的人口城市化现象，国外与之相似的研究主要是关于移民的社会融合问题。移民的社会融合理论发轫于西方发达国家，目前已形成较为完备的理论体系。

1.2.1.1 移民的社会融合概念的提出

社会融合作为一个正式的学术概念被提出，始于人类学家对群体迁移现象的研究，主要用于描述移民群体在流入国社会的生活状态及其演变过程。在群体层面，社会融合通常与一个国家的政策制定联系密切。社会融合常会成为社会政策分析家们对其论述的一种表达，被各类国际组织、国家或地区等广泛采用。20世纪80年代晚期，法国实施了第一个社会融合政策，用以通过劳动和培训来帮助移民融入法国社会。与此同时，欧洲共同体也试图制定能涵盖所有欧洲成员国的社会政策，于是对社会融合这一概念产生高度重视。早期的研究也关注到了个人层面的融合现象，然而主要局限于个人的心理方面，格雷夫斯（Graves，1967）最早正式使用心理融合（Psychological Acculturation）一词。①西方的社会心理学家认为，由于个体成员的态度和行为有或多或少的差异，即使是来自同一个国家并且具有相同的文化背景的移民，在心理融合上也会大相径庭，因此对群体层面和个人层面的社会融合应当进行严格区分。

目前西方国家对社会融合最广泛的定义是：社会融合是群体或个体向主流社会以及各种社会领域逐步渗透和融合的过程，也是种族关系相互竞争与相互适应的过程。② 为了使社会融合的定义更加符合当代美国“大熔炉”社会的实际情况，阿尔巴和尼内（Alba & Nee）将社会融合的概念进行了适当的修正，他们认为融合意味着“界限的跨越、界限的模糊、界限的重构”，因此社会融

---

① Graves T D. Psychological Acculturation in a Tri-ethnic Community [J]. Southwestern Journal of Anthropology, 1967, 23 (4).

② Bollen K A, Hoyle R H. Perceived Cohesion: A Conceptual and Empirical Examination [J]. Social Forces, 1990, 69 (2).

合指的是种族差异的消减以及由此所导致的种族间社会、文化和心理等方面的趋同。①

除了直接从正面研究社会融合，西方学者还从移民与原住民之间关系亲近或疏远的程度来研究移民的社会融合。塔尔德（Tarde）首创了社会距离（Social Exclusion）的概念，并用这一概念来反映不同群体之间的客观差异。此后，德国著名社会学家齐美尔（Simmel）首次赋予了社会距离主观性的色彩，在齐美尔看来，"距离"是人与人以及人与物之间的一种关系，是自我与周遭环境的一种关系，但是齐美尔并没有给出"社会距离"的具体定义。② 芝加哥学派创始人帕克（Park）进一步继承了齐美尔的社会距离思想，并对社会距离进行了全面论述和剖析。帕克指出，社会距离描述的是一种心理状态，由于这种状态使得我们自觉地意识到自身与我们所不能完全理解的群体之间的区别和隔离。③ 这里，社会距离已经成了一个用于刻画群体情感亲密度、关系紧密度的主观性概念。另外，博加德斯（Bogardus）通过设计社会距离测量量表，使得社会距离概念成为社会学中被用来表征偏见、文化差异和群体互动程度的普遍适用概念。④ 英国著名社会学家吉登斯（Giddens）认为社会排斥有多种形式，主要有经济排斥（Economic Exclusion）、政治排斥（Political Exclusion）和社会排斥（Social Exclusion）。⑤

1.2.1.2　社会融合的维度与测量

社会融合无疑是一个多维度概念，包含了移民在经济生活、社会交往、心理认知、政治参与等多个方面的内容。国外学者在对移民的社会融合进行具体考察时，通常也从多个层次、多个指标衡量移民社会融合的程度，其中比较有影响力的测量方法有以 M. 戈登（M. Gordon）为代表的"二维度"模型、以 J. 杨格塔斯（J. Junger-Tas）等人为代表的"三维度"模型、以 H. 恩茨英格（H. Entzinger）等人为代表的"四维度"模型。⑥

M. 戈登（M. Gordon）在 1964 年首先提出二维度划分方法，用于测量移民的社会融合，即结构性融合与文化性融合两个维度。其中，结构性融合指移民个体与群体在流入国社会不断提高社会参与度。文化性融合则涉及移民在价

---

① Alba R, Nee V. Rethinking Assimilation Theory for a New Era of Immigration [J]. International Migration Review, 1997, 31 (4).

② Simmel G. The Metropolis and Mental Life [M]. New York: Free Press, 1902.

③ Park E R. Race and Culture [M]. Glencoe, ILL: The Free Press, 1950.

④ Bogardus E S. Measuring Social Distance [J]. Journal of Applied Sociology, 1925.

⑤ Giddens A. Sociology [M]. Cambridge: Polity Press & Blackwell Publishing Company, 2001.

⑥ 梁波，王海英. 国外移民社会融入研究综述 [J]. 甘肃行政学院学报，2010 (2).

值、观念认同上的转变和同化。同时，他提出了更加细化的 7 个维度去测量移民的社会融合程度，即文化接触、结构性同化、通婚、族群认同、偏见、歧视、价值和权力冲突。① 之后的一些学者分别从社会经济融合、政治融合、居住融合等维度扩展了 M. 戈登的研究。

J. 杨格塔斯（J. Junger-Tas）认为，移民的社会融合具体可以划分为结构性融合、社会文化性融合以及政治合法性融合 3 个层面。其中，结构性融合涉及移民在教育、劳动力市场、收入与住房等诸多方面享有平等机会。社会文化融合主要体现为移民在东道国不断提高社会组织参与度，并按照东道国的行为规范行动。社会文化融合的测量指标有语言使用、通婚、群际友谊、人群间的隔离程度、个人自主性与群体间协调性的关系等。政治合法性融合则主要从是否获得了与当地原居民同等的政治合法权利来测量，如选举权、被选举权以及是否在身份、政治待遇上得到同等对待等。相较于 M. 戈登、J. 杨格塔斯将政治与合法性权利纳入移民社会融合概念之中是一项重要进步。②

1.2.1.3　社会融合理论的分析框架

从社会分层与流动的角度来看，现代西方社会融合理论可归为两类：一是戈登（Gordon）为代表的传统社会融合理论。这一理论假设移民的“种族认同”与“国家认同”会相互排斥，认为移民的流入国国家认同形成的同时，其种族认同会随之消失。这一理论的支持者通常强调社会融合的“单向性”。二是以拜瑞（Berry）为代表的非传统社会融合理论，主要包括多元文化论、区隔融合论、空间融合论等。非传统社会融合理论的核心观点在于移民的“种族认同”和“国家认同”具有共存的可能性。移民融合到主流社会并不意味着完全放弃自己的文化，两种文化之间具有某些交集，甚至会产生互补。③ 从两种理论的现实意义来看，传统的社会融合理论认为移民有向中产阶级融合的趋势，而后者则强调融合的结果可能是多元化的，并不一定是以中产阶级为标准。相对而言，拜瑞将移民的心理融合视为一个包含“影响因素—融合状况—融合后果”的逻辑链条，因此被广泛用于实证研究中。

1.2.2　国内研究现状

西方社会融合理论的发展为研究我国农民工城市融入问题提供了重要的理

---

① Gordon M. Assimilation in American Life: The Role of Race, Religion, and National Origins [M]. New York: Oxford University Press, 1964.

② Josine, Junger-Tas. Ethnic Minorities-social Integration and Crime [J]. European Journal on Criminal Policy and Research, 2001 (9).

③ Berry J W. Immigration, Acculturation and Adaptation [J]. Applied Psychology, 1997, 46(1).

论依据，然而由于经济发展阶段以及文化、制度等方面的差异，西方社会融合理论是否能够解释农民工的城市融入问题还需要根据中国的具体国情做出诠释和解答。尤其是近年来，随着我国社会经济和城市化进程的发展，农民工城市融合问题越发凸显，这也吸引了越来越多的中国学者关注并研究这一问题。

1.2.2.1 对农民工城市融合概念的界定

农民工城市融合问题是我国人口城市化进程中出现的一种特殊现象，是一个涉及农民工生存空间、身份、价值观念、认同等多重转换的复杂的多维度概念。因此，学术界对农民工城市融合的内涵仍有不同理解。

田凯认为，流动人口的城市融合是其适应城市生活的过程，同时也是再社会化的过程，其必须具备3个方面的基本条件：一是在城市找到相对稳定的职业；二是这种职业带来的经济收入及社会地位能够形成一种与当地人接近的生活方式，从而使其具备与当地人发生社会交往，并参与当地社会生活的条件；三是在新生活方式的影响下，新移民能接受并形成新的、与当地人相同的价值观。因此，流动人口的社会融合包括3个层面，即经济层面、社会层面、心理或文化层面。① 朱力认为，融合与适应不是简单地等同于同化，它比同化具有更加主动积极的意义，并且认为田凯提出的3个基本条件是依次递进的，经济层面的适应是立足城市的基础；社会层面是城市生活的进一步要求，反映的是融入城市生活的广度；心理或文化层面的适应是属于精神上的，反映的是参与城市生活的深度，只有心理和文化的适应，才说明流动人口完全地融入于城市社会。②

刘传江、程建林认为，农民工的城市融合（农民工市民化）是指农民工不断摆脱其城乡边缘状态，逐渐走向和融入城市主流社会的过程，应包括生存职业、社会身份、自身素质以及意识行为4个层面的含义。这4个层面相互影响、相互制约，其中前两个层面主要取决于宏观体制改革和相关的制度创新，对农民工市民化进程具有决定性的影响。③

社会融合是相对于社会排斥而言的，除了从正面研究农民工的城市融合，一些学者还运用社会距离的概念来测度农民工的城市融合。郭星华、储卉娟借鉴西方学者主观性社会距离的概念，将之定义为存在于行动者心理空间中的，行动者与其他行动者之间的心理距离。在研究我国农民工与城市居民社会距离

① 田凯．关于农民工的城市适应性的调查分析与思考［J］．社会科学研究，1995（5）．

② 朱力．准市民的身份定位［J］．南京大学学报，2000（6）．

③ 刘传江，程建林．第二代农民工市民化：现状分析与进程测度［J］．人口研究，2008（5）．

时将其分解为向往程度、排斥预期和整体感觉 3 个层面。① 卢国显则将社会距离定义为人与人之间、群体与群体之间，在社会交往中所表现出来的否定性和同情性的态度、交往双方相互理解信任的程度和交往频率，认为能够从客观距离（行为距离）和主观距离（心理情感距离）对农民工社会距离进行测量。②黄匡时、嘎日达借鉴欧盟对社会融合的定义，认为农民工的城市融合是确保具有风险和社会排斥的农民工在城市能够获得必要的机会和资源，并通过其全面参与城市经济、社会、文化生活，享受正常的生活及在城市中享受应有的正常社会福利的过程。③

任远、乔楠则强调农民工和本地居民之间在农民工城市融合中的相互接纳和认同的过程，他们认为，城市融合是一个逐步同化和减少排斥的过程，是对城市未来的主观期望和城市的客观接纳相统一的过程，是本地人口和外来移民相互作用和构建相互关系的过程。④

童星和马西恒的界定也被学者关注，他们认为，社会融合是指新移民在居住、就业、价值观念和生活方式等各个方面融入城市社会，向本地居民转变的过程，这个过程的进展程度可以用新移民与本地居民的同质化水平来衡量。⑤

1.2.2.2 对农民工城市融合的影响因素与测量

由于对农民工城市融合内涵的理解和研究视角的不同，不同学者选择的测量维度与指标体系也有所不同，概括来讲，主要可以分为直接测量和间接测量两大类。

1.2.2.2.1 直接测量

刘传江、程建林从农民工的收入水平、个人素质、城市居住时间以及自我认同 4 个维度构建了一个包括外部制度因素、农民工群体市民化进程和农民工个体市民化进程三部分的指标体系。其中，外部制度因素包括土地流转程度、户籍制度改革进程、就业市场的统一、社会保障覆盖率 4 个二级指标；农民工群体市民化进程包括市民化意愿、市民化能力、两者几何平均数 3 个二级指

---

① 郭星华，储卉娟. 从乡村到都市：融入与隔离——关于民工与城市居民社会距离的实证研究［J］. 江海学刊，2004（3）.

② 卢国显. 我国大城市农民工与市民社会距离的实证研究［J］. 中国人民公安大学学报：社会科学版，2006（4）.

③ 黄匡时，嘎日达. “农民工城市融合度”评价指标体系研究——对欧盟社会融合指标和移民整合指数的借鉴［J］. 西部论坛，2010（5）.

④ 任远，乔楠. 城市流动人口社会融合的过程、测量及影响因素［J］. 人口研究，2010（2）.

⑤ 童星，马西恒. “敦睦他者”与“化整为零”——城市新移民的社区融合［J］. 社会科学研究，2008（1）.

标；农民工个体市民化进程包括个人素质、收入水平、城市中居住时间、自我认同、四者几何平均数 5 个二级指标。①

徐建玲主要从经济学角度研究农民工城市融合问题，并选取了外部制度因素、农民工市民化意愿和农民工市民化能力 3 个维度考察农民工城市融合水平。其中，外部制度因素主要包括土地流转程度、户籍制度改革、就业市场的统一、社会保障改革等；农民工市民化意愿为农民工明确表示愿意留城的比例；农民工市民化能力为农民工与城市居民收入之比。②

王桂新等运用层次分析法从居住条件、经济生活、社会关系、政治参与和心理认同 5 个维度构建了农民工市民化程度评价指标系统。每个评价维度的一级指标均由两个可反映对应一级指标基本内涵的二级指标构成。其中，居住条件维度的评价指标由农民工的住房条件和居住环境条件构成；经济生活维度的评价指标由农民工与城市居民的相对收入和相对消费水平构成；社会关系维度的评价指标由农民工在城市有无亲友关系及受社会关照程度构成；政治参与维度的评价指标由农民工工会组织参与状况和党团组织参与状况构成；心理认同维度的评价指标由农民工对城市的情感认同程度和“身份”认同程度构成。在每个二级评价指标之下，再分别选取两个可反映对应二级指标基本内涵的三级指标作为操作指标。这样，王桂新围绕居住条件、经济生活、社会关系、政治参与和心理认同 5 个维度构建了一个拥有 10 个二级指标、20 个三级指标的农民工市民化程度评价指标系统（参见表 1-1）。③

任远、乔楠在测量模型中加入了农民工感知到的城市对流动人口的态度这一因素，从农民工对自我身份的认同、对于城市的主观认识与感情、与本地人口的相互交流和相互交往、感受到的城市以及城市居民对他们的态度 4 个维度对农民工城市融合状况进行测量。④

黄匡时、嘎日达借鉴欧盟社会融合指标，从城市和个体两个层次对农民工城市融合进行测量。其中，前者又包括从城市与农民工相关的政策角度去测量的政策融合，从整个城市农民工总体来评价农民工的城市融合状况的总体融合。⑤

---

① 刘传江，程建林. 第二代农民工市民化：现状分析与进程测度［J］. 人口研究，2008（5）.

② 徐建玲. 农民工市民化进程度量：理论探讨与实证分析［J］. 农业经济问题，2008（9）.

③ 王桂新. 中国城市农民工市民化研究——以上海为例［J］. 人口与发展，2008（1）.

④ 任远，乔楠. 城市流动人口社会融合的过程、测量及影响因素［J］. 人口研究，2010（2）.

⑤ 黄匡时，嘎日达.“农民工城市融合度”评价指标体系研究——对欧盟社会融合指标和移民整合指数的借鉴［J］. 西部论坛，2010（5）.

表 1-1　　王桂新构建的农民工市民化程度评价指标系统

	一级指标	二级指标	三级指标
农民工市民化程度	居住条件	住房条件	您现在的住房类型
			您的居住条件是否得到改善
		居住环境条件	您对目前的居住环境是否满意
			您现在的居住环境比初来上海时有何变化
	经济生活	相对收入水平	上海从业人员平均报酬 31 371 元（2006 年）
			农民工 2006 年人均收入
		相对消费水平	上海居民人均消费 14 762 元（2006 年）
			农民工 2006 年人均消费
	社会关系	在沪有无亲友关系	您是否有亲戚住在上海
			在您新结交的朋友中有没有上海人
		在沪受社会关照情况	您遇到困难时一般会找谁帮助
			您来上海后有没有受到过上海本地人的歧视
	政治参与	工会组织参与情况	您工作单位是否有工会组织
			您是否参加了本单位的工会组织
		党团组织参与情况	您工作单位或居住社区有党团组织吗
			您工作单位或居住社区是否专门组织外来务工人员加入党团组织
	心理认同	情感认同程度	现在您对上海有没有感情
			您自己希望取得上海户口、成为上海人吗
		"身份"认同程度	您认为现在自己的"身份"是哪种人
			您认为自己现在的社会地位与上海人比怎么样

基于农民工和城市居民在行为和思想观念上的差异，何军从行为方式、价值观念与对城市的归属感 3 个维度构建农民工城市融入评价体系。其中，行为方式又包括行动计划、行动守时、信息获取方式、实事关注、社会活动参与 5 个二级指标；价值观念包括独立意识、消费观念、公平意识、发展意识、健康意识、维权意识、乐于接受新经验 7 个二级指标；城市归属感包括身份归属

1个二级指标。①

考虑到学术界尚没有形成一个令人信服的农民工社会融合的结构维度，张文宏和雷开春采用探索性因子分析的方法来界定城市新移民社会融合的结构。他们通过对农民工的职业稳定程度、语言掌握程度、熟悉风俗程度、接受文化价值的程度、亲属相伴人数、身份认同程度、社会交往范围、经常交往人数、添置房产意愿、社会心理距离、拥有户籍情况、社会满意度、职业满意度和住房满意度14项社会融合进行因子分析，研究将农民工城市融合归纳为文化、心理、身份和经济4个方面的融合。②

1.2.2.2.2 间接测量

农民工城市融合程度的间接测量主要是通过对农民工与城市居民的社会距离的测度间接反映农民工在新生活环境中的融入状况。

卢国显对农民工与城市居民社会距离的测量主要从行为和心理情感两方面进行，将社会距离分为客观距离（行为距离）和主观距离（心理情感距离）两种。其中，客观距离指标包括租房行为、经济支持、语言交流、娱乐行为、子女交往、家中做客、朋友数量7个二级指标；主观距离包括社会信任、社会理解、情感倾向、交往意愿、偏见、婚姻意愿6个二级指标。③

张海辉在卢国显的研究基础上，加入了反转社会距离量表，从而从本地人和外地人感受的角度双向考察了两者间的社会距离。博格达斯量表的调查指标按照社会距离程度由高到低分别为是否愿意与外地人（本地人）做亲戚或通婚、是否愿意让外地人（本地人）参与社区管理、是否愿意与外地人（本地人）做亲密朋友、是否愿意与外地人（本地人）做邻居、是否愿意与外地人（本地人）一起工作、是否愿意与外地人（本地人）聊天。反转社会距离量表的调查指标按照社会距离程度由高到低分别为本地人是否愿意与你做亲戚或通婚、本地人是否愿意让你参与社区管理、本地人是否愿意与你做亲密朋友、本地人是否愿意与你做邻居、本地人是否愿意与你一起工作、本地人是否愿意与你聊天。④

---

① 何军. 城乡统筹背景下的劳动力转移与城市融入问题研究——基于江苏省的实证分析[D]. 南京：南京农业大学，2011.

② 张文宏，雷开春. 城市新移民社会融合的结构、现状与影响因素分析［J］. 社会学研究，2008（5）.

③ 卢国显. 我国大城市农民工与市民社会距离的实证研究［J］. 中国人民公安大学学报：社会科学版，2006（4）.

④ 张海辉. 不对称的社会距离——对苏州市本地人与外地人的关系网络和社会距离的初步研究［D］. 北京：清华大学，2004.

郭星华、储卉娟在新生代农民工与第一代农民工对城市居民心理距离的比较研究中，也考虑到了外地人感受到的本地人的态度，将社会距离分解为向往程度、排斥预期和整体感觉3个维度。其中，向往程度维度包括是否经常与本地同事一起娱乐、是否经常与社区当地居民来往、内心是否愿意与房东一起住、未婚者是否考虑过跟本地市民谈恋爱4个二级指标；排斥预期维度包括所在社区的居民是否欢迎你们在这里居住、城市人从内心里来讲愿不愿意和外地人做邻居、和本地市民相处时对方有没有感到不自在3个二级指标；整体感觉维度包括与单位里城市人的关系是否亲密、与认识的城市人是否了解、是否觉得与市民之间有一种心理隔阂3个二级指标。①

综上所述，虽然社会距离包括主观距离和客观距离，但社会距离主要是从农民工的主观感受和行为特征角度出发进行研究，是一个主观性的概念。在对农民工城市融合程度进行间接测量的指标主要是行为和心理性指标，而将农民工与城市居民在制度、经济、社会地位等方面的差异看做形成社会距离的影响因素。对农民工城市融合程度进行直接测量倾向于把制度、经济、社会地位等差异也作为社会融合程度的重要构成因素。这就决定了农民工城市融合的直接测量指标体系要比间接测量指标体系庞大、复杂。

1.2.2.2 农民工城市融合的现状

对农民工城市融合内涵的理解和所选取的测量维度与指标体系的不同，决定了对农民工城市融合的度量方法也不尽相同。概括来讲，目前学术界对农民工城市融合的度量方法主要有多重指标法与单一指标法两大类。

1.2.2.2.1 多重指标法

杜鹏等从来京人口是否受到歧视、来京人口与北京当地人在生活方面的交往状况、来京人口的心理归属3个方面研究来京人口的社会融合状况。调查数据显示，60.2%的来京人口没有感受到北京当地人的歧视，偶尔感到受歧视的比例为29.5%，而经常感到受歧视的比例仅为10.3%；来京人口与北京当地人在生活上经常打交道的比例为60.7%，而没有打交道的比例还不到15%；当来京人口有了比较重要的问题的时候，找家人商量的为63.5%，找没有北京户口的朋友商量的为22%，而找有北京户口的朋友商量的为14.5%。他们从而得出结论，大多数来京人口没有感受到北京当地人的歧视，并且在生活上还和北京当地人经常打交道，但是从实质上来讲，他们并没有真正地融入所在的城市

① 郭星华，储卉娟. 从乡村到都市：融入与隔离——关于民工与城市居民社会距离的实证研究［J］. 江海学刊，2004（3）.

生活。①

钱文荣、张忠明从农民工和城市居民双向角度考察浙江省农民工城市融合问题。研究表明，除了社会保障情况明显较差以外，浙江省农民工在住房情况、对城市生活的适应性、与城市居民的交往情况均较好，并对融入城镇有着强烈的愿望。城市居民对农民工关注度不高，但并不歧视他们，对农民工持接受的开放心态。②

黄匡时、嘎日达借鉴欧盟社会融合指标，构造了3个评价指数——农民工城市融合政策指数、农民工城市融合总体指数、农民工城市融合个体指数。围绕劳动力市场政策（含社会保障政策）、子女教育政策、户籍政策、社区参与政策和反歧视政策五大政策领域分别在准入资格、融合措施、资格安全和相关权利4个方面进行打分，其总分值和指数值就构成了农民工城市融合政策指数。农民工城市融合总体指数由经济融合、制度融合、社区融合、社会保护和社会接纳五大方面50个参考指标的得分加权汇总构成。其具体计算公式为农民工城市融合体指数=客观指标汇总值×80% +主观指标汇总值×20%。农民工城市融合个体指数由经济融合、制度融合、社区融合、社会关系融合、社会保护、心理和文化融合六大方面61个参考指标的得分加权汇总构成。其具体计算公式为农民工城市融合体指数=客观指标汇总值×80% +主观指标汇总值×20%。③

运用社会距离进行研究的学者基本上采用了多重指标法对农民工城市融合状况进行度量。卢国显在问卷的答案设计中采用了三分法（没有、一般、经常）和五分法（很不愿意、不愿意、中立、愿意、很不愿意）。通过分析被调查者各调查指标的分布频率来勾画农民工与市民的社会距离。研究结果显示，农民工和市民无论是客观距离还是主观距离都很大。④

史斌借鉴张海辉的6指标体系，设计了“融入意愿量表”和“排斥预期量表”，分别用于测量新生代农民工在心理上主动渴望和向往融入城市居民群体的程度以及与城市居民发生社会交往时预期感受的排斥程度。答案设计采用了五级态度量表（很不愿意、不愿意、一般、比较愿意、非常愿意），并赋予

---

① 杜鹏，丁志宏，李兵，等. 来京人口的就业、权益保障与社会融合［J］. 人口研究，2005(4).

② 钱文荣，张忠明. 农民工在城市社会的融合度问题［J］. 浙江大学学报：人文社会科学版，2006（4）.

③ 黄匡时，嘎日达. “农民工城市融合度”评价指标体系研究——对欧盟社会融合指标和移民整合指数的借鉴［J］. 西部论坛，2010（5）.

④ 卢国显. 我国大城市农民工与市民社会距离的实证研究［J］. 中国人民公安大学学报：社会科学版，2006（4）.

其1~5的分值。融入意愿量表的分值累加构成融入意愿值；排斥预期量表的分值累加被30减去，构成排斥预期值。研究表明，宁波市新生代农民工的融入意愿平均值为19.131 8，排斥预期的平均值为11.538 5。这说明相比起所感受到的排斥预期，新生代农民工的融入意识更主动和强烈。①

1.2.2.2.2 单一指标法

刘传江、程建林将农民工市民化进程指数定义为（市民化意愿×市民化能力）$^{1/2}$，其中市民化意愿为愿意留城者占农民工总数比例；市民化能力为农民工人均工资占市民人均工资的比例。研究发现，我国第二代农民工市民化率为50.23%，而第一代农民工市民化率为31.30%。②

在刘传江、程建林研究的基础上，徐建玲将外部制度因素加入到农民工市民化进程指数中，即农民工市民化进程指数为外部制度因素×(市民化意愿×市民化能力)$^{1/2}$。但是，徐建玲在实际研究中剔除了外部制度因素，得到武汉市农民工市民化进程指数为55.37%。③

王桂新等为表1-1中各评价指标分别赋予相应权重，其中除了三级指标“您工作单位是否有工会组织”或“您工作单位或居住社区有党团组织吗”与“您是否参加了本单位的工会组织”或“您工作单位或居住社区是否专门组织外来务工人员加入党团组织”的权重分别为0.3和0.7外，其他三级指标以及所有一级指标和二级指标均采用了等权重法（即均设为0.2和0.5）。5个一级指标之和就是农民工市民化程度综合评价指标。研究结果表明，上海市农民工的市民化程度总体上已基本达到54%。在一级指标中，居住条件的市民化水平最高，为61.5%，社会关系、心理认同与经济生活的市民化程度次之，分别为58.2%、56.1%和54.4%，政治参与的市民化水平最低，只有34.8%。④

任远、乔楠根据对自我身份的认同、对于城市的主观认识与感情、与本地人口的相互交流和相互交往、感受到的城市以及城市居民对他们的态度这4个维度，构造了一个综合性的社会融入指数，即将反映4个维度的（0，1）变量等权相加，得出一个（0，1，2，3，4）的变量，以此反映农民工城市融合程度。研究结果表明，浙江省绍兴市流动人口中完全未融入（即在4个维度都未融入）的比重为20.2%；初步融入（4个维度中仅有一个维度已经融入）的比

① 史斌. 新生代农民工与城市居民的社会距离分析［J］. 南方人口，2010（1）.
② 刘传江，程建林. 第二代农民工市民化：现状分析与进程测度［J］. 人口研究，2008（5）.
③ 徐建玲. 农民工市民化进程度量：理论探讨与实证分析［J］. 农业经济问题，2008（9）.
④ 王桂新. 中国城市农民工市民化研究——以上海为例［J］. 人口与发展，2008（1）.

重为13.4%；一般性融入（4个维度中有两个维度已经融入）的比重为34.9%；较深的融入（4个维度中有3个维度已经融入）的比重为23.5%；完全融入（即在4个维度上都已经融入）的比重为8.0%。①

何军将农民工的城市融合看做农民工相对于城市人群体的融入程度，因此以样本城市的城市居民相关数据作为参照来评价农民工城市融合指标的重要程度。实际操作中，何军要求问卷由农民工和城市人分别填写，并根据相对重要性为各指标赋予权重，最后通过各指标平均得分进行加权计算，得到农民工总体城市融合程度（假设其城市融入水平为100%）。研究结果表明，江苏省农民工的城市融合程度总体上已经达到64%的水平。②

总体上看，多重指标法与单一指标法各有优势，也存在不足。多重指标法对农民工城市融合状况的刻画更加生动、充分，但综合性差，不利于横向比较。而单一指标法综合性好，方便横向比较研究，但由于过于抽象，会遗漏农民工城市融合过程中的许多复杂和细致的信息。

1.2.2.4 农民工城市融合的方法与路径研究

流动人口融入城市社会是逐步破解我国城乡二元结构难题的根本对策，也是实现流动人口全面发展，推进城乡协调发展以及建设和谐社会的根本道路。许多学者基于不同的研究视角和研究结果提出了许多促进农民工城市融合的方法和途径，具体主要集中在以下几个方面：

第一，破除制度性障碍因素，加快城镇户口管理制度、劳动就业制度和社会保障制度的改革。户籍制度是阻碍农民工城市融合的最大障碍，这是学界的普遍共识。如果户籍制度和附加在户籍制度之上的就业制度、教育制度、医疗卫生制度和社会保障制度不加以改革，农民工在城市就永远不能转为城市居民，无法融入城市社会。政府作为公众利益的代表，现阶段的主要任务是推动相关制度建设和政策工具的优化设计，消除对农民工的制度性歧视，从而给农民工以平等的公民待遇，从而促进他们对城市社会的融合。

第二，提高农民工素质，提升其人力资本，增强对城市社会的适应能力，以顺利融入城市社会。政府应有计划地组织以劳动就业能力、基本生活常识、城市规章制度、法律常识等为主要内容的教育，提高农民工的城市适应性和现代人意识；同时，采取积极措施，鼓励用人单位、各类教育培训机构和社会力

---

① 任远，乔楠．城市流动人口社会融合的过程、测量及影响因素［J］．人口研究，2010（2）．

② 何军．城乡统筹背景下的劳动力转移与城市融入问题研究——基于江苏省的实证分析［D］．南京：南京农业大学，2011．

量开展农民工思想道德教育、文化素质教育和职业技能培训，引导和鼓励农民工自主参加各种教育和培训。

第三，加强媒体宣传，增加农民工与城市居民的互动交流，消除二者之间的社会、心理距离。长久以来，对农民工的社会歧视一直制约着农民工的城市融合。因此，促进农民工城市融合还应注重对城市居民的宣传教育，客观介绍农民工为城市建设做出的贡献，消除对农民工的歧视，促进他们之间的良性互动，帮助农民工增进对所居住城市的认同感和自豪感，从而增加心理融合度。

第四，注重二代农民工的城市融合。真正的融合可能需要代际传递的保持来实现，而代际传递的实现，一个重要的路径就是针对流动人口子女的教育安排。让他们与城市居民的孩子享受到同样的优良的城市教育资源，而不是感受到来自城市的歧视，有利于他们形成正确的人生观和世界观，并增加对城市的归属感。

第五，社区对于农民工群体融入城市社会具有重要意义，应加强社区对于农民工城市融合的桥梁作用。社区的服务和管理机构应将农民工视为与城市居民无差别的社区居民，最大范围内显示出城市的开放性和容纳性，为他们提供服务，帮助他们克服在城市中生活所遇到的困难。而农民工可以通过社区这个平台建立新的社交圈，改变自己的生活方式和价值观念。

1.2.3 对重庆农民工城市融合问题的研究

2007年国务院批准重庆设立全国统筹城乡综合改革配套实验区后，重庆各级政府不断探索推进农民工城市融合的制度创新，并取得了一些成果和经验。我国学者对此给予了关注和研究。

胡江通过调查发现，重庆新生代农民工大多具有市民化的意愿，并通过关注政府政策、与城市居民交往、丰富业余生活和参与城市社区活动等方式融入城市生活。但重庆新生代农民工的市民化程度总体上并不高，户籍、住房、医疗、子女教育、职业技能和城市生活环境等是阻碍新生代农民工市民化的主要因素。[①]

费友海认为，农民工市民化面临亟须破解的四大难题：巨额投入政府财力支撑难、农民工自身能力在城镇生存支撑难、农民工进城安居难和农村土地权

---

① 胡江．新生代农民工市民化的现状与对策——以重庆为例的调查研究［J］．中国青年政治学院学报，2011（6）．

益保护难。重庆试验区在探索中采取系统性战略创新思维，充分尊重农民工的意愿，遵循经济社会发展客观规律，构建一整套周密完善的政策体系，使四大难题在一定程度上的到缓解。① 程湛恒认为，重庆创新性的农民工转移制度设计主要集中在降低农民工转移成本和增强转移能力两个方面。②

成伟男经过测算认为，农民工市民化的成本主要由个人及家庭、政府和企业构成，其中个人及家庭承担成本包括城市的生活相比农村的增加部分的成本、个人社会保障缴纳成本、住房成本；政府承担成本包括公共基础设施成本、义务教育成本、公共服务成本、社会保障成本、保障性住房成本、对宅基地退出的补偿成本；企业成本包括对农民工的工资支付补差、社会保障企业缴纳成本及其他福利支出，三者承担的比例大致为4：4：2。③

1.3 研究思路与方法

1.3.1 研究思路

在研究中，我们遵循“界定研究范围→问题提出→问题分析→问题解决”的总体思路，第一，对城乡统筹与农民工城市融合所涉及的概念和理论问题进行界定和厘清，并介绍重庆城乡统筹的实践情况；第二，依靠抽样调查数据掌握农民工城市融入的一手数据，采用探索性因子分析方法确定农民工城市融合的主要维度，并分析重庆农民工家庭城市融合现状；第三，基于调查数据，对重庆农民工家庭城市融合的影响因素及其作用机制进行分析；第四，基于重庆农民工家庭城市融合的现状分析，对当前重庆市农民工家庭城市融合中存在的主要问题进行研究，并结合调查数据，找出导致这些问题的主要原因；第五，针对重庆农民工家庭城市融合中存在的主要问题，为政府宏观经济管理提出完善措施与改进意见（见图1-1）。

---

① 费友海. 破解农民工市民化难题探索——重庆统筹城乡试验区的实证［J］. 农村经济，2012（10）.

② 程湛恒. 转移制度与转移能力：基于重庆户改案例的农民工市民化研究［J］. 中国市场，2011（33）.

③ 成伟男. 重庆农民工及其家庭市民化成本问题研究［D］. 重庆：重庆工商大学，2015.

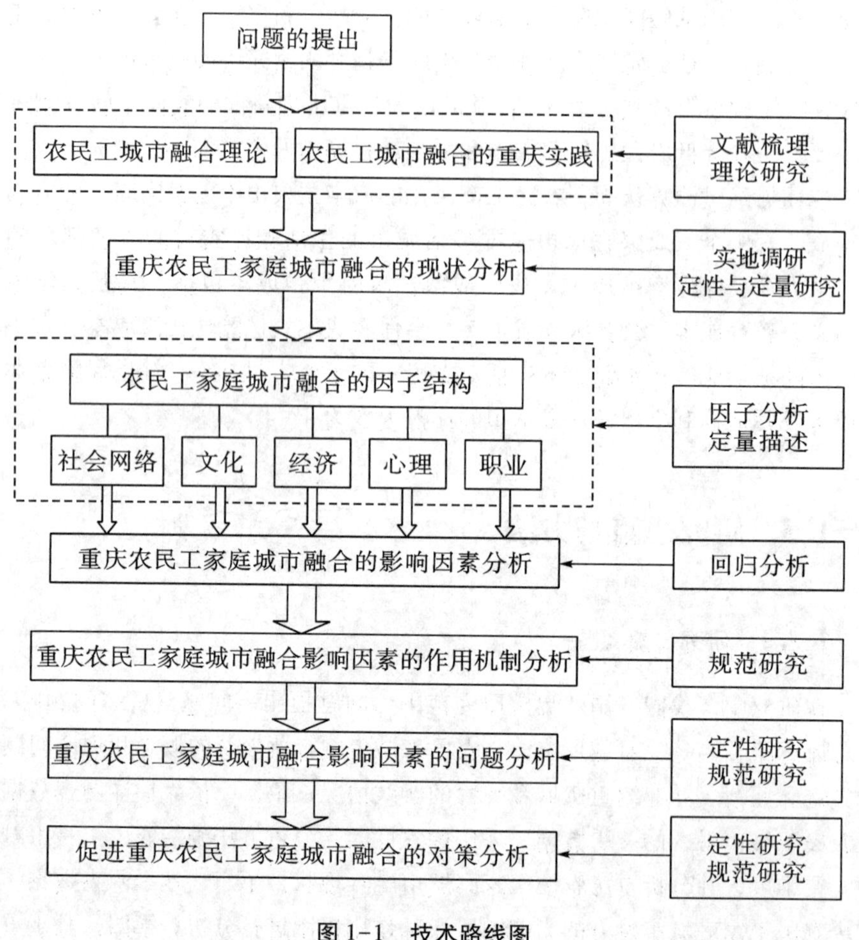

图 1-1　技术路线图

1.3.2　研究方法

本书的研究遵循社会科学研究规范，采用定性与定量相结合，以实证为主的综合研究方法。具体而言：第一，利用文献研究法，准确界定农民工家庭城市融合的概念内涵、外延、关系，把握该研究领域的前沿动态和重庆农民工家庭城市融合的实践状况；第二，通过抽样调查法搜集一手资料，运用因子分析方法掌握农民工家庭城市融合的因子结构，并在此基础上分析重庆农民工家庭城市融合现状；第三，运用线性回归分析方法，分析重庆农民工家庭城市融合的影响因素及其作用机制；第四，邀请相关领域专家开展专家访谈法，在分享定量研究结论基础上，集中讨论促进重庆农民工家庭城市融合的对策建议。

1.4　研究内容

根据以上研究思路和方法，本书的研究对应的章节安排如下：

第一，导论，这部分主要是对农民工家庭城市融合的研究对象、视角、方法、意义做一界定与阐释，并对已有研究做一系统梳理。

第二，城乡统筹和农民工城市融合的理论与重庆的实践。这部分主要对城乡统筹概念、城乡统筹与农民工家庭城市融合的关系进行了系统的理论阐释，并对当前重庆城乡统筹的经济、社会背景以及城乡统筹相关制度政策的具体规定和主要做法进行研究。

第三，重庆农民工家庭城市融合的现状分析。首先，我们以家庭为单位，通过科学的抽样设计，对当前重庆农村流动人口在就业、社保、医疗、教育、居住、婚姻、文化生活、社会网络、政治参与、心理认同等方面的基本情况进行调查。这部分主要通过对抽样调查获得的数据进行因子分析，获得农民工家庭城市融合的因子结构，并在此基础上，构建农民工家庭城市融合度。我们通过分析重庆农民工家庭城市融合度和各维度融合度，掌握重庆农民工家庭总体城市融合状况。其次，我们利用抽样调查数据，选择若干有代表性的指标，在各维度上对农民工家庭城市融合状况进行描述统计分析，以进一步刻画重庆农民工家庭城市融合状况。最后，我们基于以上统计分析结果，归纳出重庆农民工家庭城市融合的特征。

第四，重庆农民工家庭城市融合的影响因素及其作用机制分析。这部分结合已经发现的重庆农民工家庭城市融合的因子结构，基于调查数据，选取了一部分主要影响因素，对农民工家庭城市融合进行回归分析，以分析这些因素对因变量的影响，并在此基础上，分析各影响因素对重庆农民工家庭城市融合的作用机制。

第五，重庆农民工家庭城市融合的问题分析。通过对重庆农民工家庭城市融合状况的现状调查和理论分析，我们认为当前重庆市农民工家庭城市融合中主要存在整体融合水平低、正式社会支持网络主导性缺失、就业质量低、社会保障力度仍显单薄、公租房对农民工城市融合的负面影响、转户的机会成本提高、文化与心理融合未来挑战大等问题，并对这些问题进行了详尽阐述。

第六，促进重庆农民工家庭城市融合的对策研究。这部分主要是针对重庆农民工家庭城市融合中存在的主要问题，基于农民工家庭城市融合的作用机制，在户籍制度、就业、公租房、社会保障、社区等方面提出了对策建议。

1.5 特色与创新之处

第一，已有研究多集中在农民工个体的城市融合方面，而对农民工家庭为单位的研究相对较少。本书的研究除了关注了传统农民工个体的影响因素，还有意识地选择了许多以家庭为单位的影响因素，来研究农民工家庭的城市融合问题。这为本书的研究提供了与已有研究不同的研究视角。

第二，作为全国统筹城乡综合配套改革试验区和重要的农民工输出地，重庆的农民工家庭城市融合状况不但具有典型性，而且对我国其他地区具有较大的借鉴意义。因此，通过抽样调查搜集一手数据研究重庆农民城市融合问题，为我国农民工城市融合研究又提供了一个鲜活的样本。

第三，已有研究多通过经验分析获得测量农民工城市融合的指标体系，这多少带有一定的主观性和随意性。本书的研究利用因子分析获得农民工家庭城市融合的因子结构，并利用调查数据计算出重庆农民工家庭城市融合度和各维度融合度。

第四，本书的研究以农民工家庭城市融合作用机制为基础，提出促进重庆农民工家庭城市融合的对策建议，改变了过去单纯依靠管理经验的决策机制，增加了对策建议的科学性和针对性，有利于提高对策建议的实施效果。

2 城乡统筹和农民工城市融合的理论与重庆的实践

2.1 概念界定

2.1.1 城乡统筹

“城乡统筹”概念的首次提出是在21世纪初。2002年11月，江泽民同志首先在党的十六大报告中提出：统筹城乡经济社会发展，建设现代农业，发展农村经济，增加农民收入，是全面建设小康社会的重大任务。进而，党的十六届三中全会进一步提出了“五个统筹”的要求，即统筹城乡发展，统筹区域发展，统筹经济社会发展，统筹人与自然和谐发展，统筹国内发展和对外开放。统筹城乡发展被列为“五个统筹”之首。

“城乡统筹”概念提出后，国内学者对城乡统筹的概念与内涵做了很多探讨。顾益康认为，城乡统筹的中心内容是实施以城乡配套的大改革措施来促进城乡一体化的经济结构大调整，具体包括改变过去偏向城市发展、重工轻农、重城市轻农村、重投资轻消费的城乡失衡的发展战略模式，建立起“以工促农、以城带乡”的长效机制，实行城乡一体化的比较优势发展战略。[①] 郭翔宇认为，统筹城乡发展就是把农村经济与社会发展纳入整个国民经济与社会发展全局之中，与城市发展进行统一规划，在工业化和城镇化进程中统筹谋划农村和城市，通过生产要素在城乡之间的合理配置，实现城乡经济、社会、政治、文化的共同发展。改变城乡二元结构、消除劳动力市场分割、统筹城乡就业、壮大县域经济以及改革现行的城乡分割的体制等是推进我国城乡统筹发展的重

① 顾益康. 统筹城乡经济社会发展加快农村全面小康建设 [J]. 农业经济问题，2003 (4).

要举措。[1] 秦庆武从统一城乡规划的角度出发，提出统筹城乡经济社会发展就是把乡村和城市当成一个整体，进行全盘考虑，统一进行经济社会发展规划，把乡村和城市在发展过程中存在的问题进行综合研究，统筹加以解决。[2]

城乡统筹的内涵十分丰富。姜太碧认为，统筹城乡协调发展主要包括制度方面的统筹、经济发展要素层面的统筹以及城乡关系层面的统筹 3 个方面。[3] 鞠正江等从统筹城乡资源角度考察，把统筹城乡发展总结为统筹经济资源、统筹政治资源和统筹社会资源 3 个层面。[4]胡进祥认为，城乡统筹的科学内涵包括 3 个方面，即统筹城乡空间、城乡产业、社会进步，最终目标是实现城乡发展机会的均等及不断增加农民收益。[5] 田美荣等认为，城乡统筹的内涵由城乡协调度和城乡特色度两个方面组成，同时指出统筹城乡发展涉及统筹城乡政治发展、经济发展、社会发展以及城乡环境发展 4 个方面。[6] 秦庆武认为，统筹城乡经济社会发展就是改变过去那种就城市论城市，就农村论农村的传统思路和做法，把城市和农村的经济与社会发展作为一个整体来统一规划，通盘考虑，把城市与农村发展中存在的问题及其相互因果关系综合起来进行研究，统筹加以解决。统筹发展不是平均用力，而是根据不同时期、不同情况，抓住主要矛盾，选择重点，加以倾斜和解决。统筹城乡经济社会发展，至少应包括统筹城乡生产力布局、统筹城乡就业、统筹城乡基础设施建设、统筹城乡社会事业发展和社会管理、统筹城乡社会保障体系 5 个方面。[7]

结合我国学者城乡关系和统筹城乡发展的研究观点，本书认为，城乡统筹是在目前我国社会主义市场经济还不完善，二元经济社会制度存在障碍的背景下，从国民经济和社会发展全局的角度，把农业和工业视为互为条件、同步发展的有机整体，把乡村和城市视为相互联系、相互促进的有机整体，把农民和市民视为共享发展、权利平等的有机整体，通过创新体制机制，彻底破除城乡二元结构，促进城乡资源合理优化配置，使城市和农村良性互动、公平发展，形成经济社会协调发展和共同繁荣的城乡一体化新格局。从这个意义上来讲，统筹城乡发展应包括以下要点：一是就内容来讲，统筹城乡包括城乡间的政

---

① 郭翔宇. 城乡差距与县域经济发展［M］. 北京：中国农业出版社，2004.

② 秦庆武. 统筹城市化发展和新农村建设［J］. 中国发展观察，2007（6）.

③ 蒋太碧. 统筹城乡协调发展的内涵和动力［J］. 农村经济，2005（6）.

④ 鞠正江，张益刚，方清波. 论“统筹城乡经济社会发展”的丰富内涵和对策措施［J］. 中共济南市委党校 济南市行政学院 济南市社会主义学院学报，2003（3）.

⑤ 胡进祥. 统筹城乡发展的科学内涵［J］. 学术交流，2004（2）.

⑥ 田美荣，高吉喜. 城乡统筹发展内涵及评价指标体系建立研究［J］. 中国发展，2009（4）.

⑦ 秦庆武. 统筹城乡发展的内涵与重点［J］. 山东农业大学学报：社会科学版，2005（1）.

治、经济、社会、文化、环境等多方面的内容。从当前来看，统筹城乡经济发展是重要着力点和迫切任务，但从长远来看，应是政治、经济、社会、文化、环境的五位一体全方位统筹。二是就目标来讲，统筹城乡发展的目标不是讲乡村和城市均等化，而是通过体制机制的改革使资源要素双向流动，建立起城乡互促共进、良性互动、和谐共处的发展格局。三是就路径来讲，目前农业远远滞后于工业，乡村远远滞后于城市，统筹城乡发展应更加注重工业反哺农业、城市支持农村，让农民公平享有现代化发展成果。

2.1.2 农民工

农民工是在我国城乡二元经济结构体制下，在工业化和城市化不断推进的进程中出现的新型群体。“农民工”这一概念最早是由张玉林等社会学者在20世纪80年代初提出的，是对“民工潮”社会现象进行思考、归纳、总结的结果，认为农民工是一个身份加契约的称谓，身兼“农民和工人”的双重使命，“农民”是身份，“工人”是职业。农民工来自农村，却生活在城市，通过自己的劳动为城市发展做出贡献。① 农民工的显著特征是其户籍身份仍是农民，大多数人仍然在农村拥有土地，而其职业则脱离了第一产业，进入了第二产业、第三产业，在权益诉求、社会心态、参照目标、身份认同、生活方式、价值取向和行为逻辑等诸多方面既与传统农民不同，也与城市居民存在显著差异。

农民工的概念有广义和狭义之分。广义的农民工泛指所有从事非农生产活动的农民。狭义的农民工一般是指跨区域进城务工的“离土又离乡”的农民工。从严格意义上讲，只有跨区域城乡迁移并进入城市的农民工才存在城市融合的问题。因此，本书的研究所指的农民工是狭义的“离土又离乡”的农民工。

2.1.3 城市融合

从前文文献综述可见，我国学者对农民工城市融合的概念仍不统一。众多学者从不同研究视角和侧重点对农民工城市融合做出了界定和阐释。综合已有学者的研究观点，本书认为，农民工城市融合是指农民工在城市工作和生活过程中，逐渐接受认同自身新的社会身份和城市的生活方式与行为习惯，形成了

---

① 荆晓艳，谢怀建. 社会转型视域下的新生代农民工交往问题分析与对策思考［J］. 重庆行政，2010（10）.

对城市的认同感和归属感，同时城市也形成了对农民工的认同和接纳的互动过程。农民工城市融合至少应包括政治、经济、文化、心理等方面的内容，并在这些领域选择测量指标对农民工城市融合度予以测量。

2.2 城乡统筹与农民工城市融合的关系

城乡统筹和农民工城市融合是我国现阶段重要的社会管理理念和学术概念，二者之间具有紧密的逻辑关系。

2.2.1 城乡统筹发展既是农民工城市融合的目标也是实现路径

从本质上讲，城乡统筹是目标与方法相统一的范畴。一方面，城乡统筹的核心是“统筹”，即将城市和农村纳入到经济社会发展的大系统中相同位置对待，通过体制改革和资源要素结构的调整和再平衡，打破城乡分割的旧格局。而农民工城市融合问题的出现，从本质上讲仍是传统的农业补贴工业、重工业轻农业、重城市轻农村的发展战略导致的后果。由于城乡发展不均衡，以户籍制度为首的制度体系在保障了城市居民的权力的同时，将众多农民工排除在城市福利体系之外，使农民工成为城市的边缘人。因此，城乡统筹是实现农民工城市融合关键措施的现实路径。另一方面，城乡统筹的目标是实现城市和农村良性互动、公平发展、经济社会协调发展和共同繁荣的城乡一体化新格局。这就要求农村富余劳动力必须通过人口城市化进程转移到城市，成为产业工人和城市居民，从而使劳动力配置与产业结构相协调。只有让这部分迁移出的农村富余人口从农村迁得出，在城市留得住，真正融入城市生活，才能真正打破城乡藩篱，实现要素资源的自由流动和城乡均衡发展，进而使我国社会经济和人口城市化得到健康发展。可见，城乡统筹既是农民工城市融合的目的，也是农民工城市融合的必要条件和实现路径。

2.2.2 农民工城市融合既是城乡统筹的重要内容也是主要着力点

从总体上讲，我国城乡发展失衡主要表现在两个方面：一方面是城市与乡村之间的巨大差距；另一方面是农民工与城市居民之间的巨大差距。进行城乡统筹发展，就是要弥合这两方面的差距。也就是说，农民工能否很好地融入城市是现阶段解决我国城乡统筹问题的一个重要方面，也是一个主要着力点。如果说城市与乡村之间的差距主要是由工业部门与农业部门的生产效率差异导致的，那么维持农民工与城市居民之间巨大差距的则完全是不合理的制度设计。因此，相对而言，促进农民工的城市融合是当前城乡统筹发展更加迫切的任务。

此外，促进农民工的城市融合也有利于弥合城乡差距。从根本上讲，弥合城乡差距只有通过不断推进人口城市化进程，将农村剩余劳动力转移出来，提高农业生产率，才能增加农业就业人口的收入。而只有切实保障农民工在城市的正当权益，让农民工真正扎根城市、融入城市，才能保证我国人口城市化进程不断健康发展。尤其是随着我国人口再生产逐步进入低生育水平阶段，未来农村不再有大量净增劳动力可供大规模转移，以农民工城市融入为依托的城市化水平的提高，将是未来我国实现城乡统筹和促进经济发展的重要引擎。可见，解决好农民工城市融合问题还是当前城乡统筹发展的重要内容和主要着力点。

2.2.3 城乡统筹与农民工城市融合是辩证统一、互相促进、协同发展的关系

综上所述，城乡统筹既是农民工城市融合的目标也是实现路径。农民工城市融合既是城乡统筹的重要内容也是主要着力点。城乡统筹有利于农民工城市融合问题的解决。农民工城市融合是城乡统筹的题中之义，也是当前城乡统筹工作迫切需要解决的问题。二者是辩证统一、互相促进、协同发展的关系。

2.3 重庆城乡统筹的实践

重庆是我国仅有的两个全国统筹城乡综合改革配套实验区之一。2010 年开始，重庆以户籍制度改革为突破口，对一系列政策制度体系进行了配套改革，为破解农民工城市融合问题进行了有益的尝试。

2.3.1 户籍制度改革

重庆将户籍制度改革作为促进农民工城市融合的突破口，尝试打破户籍制度藩篱，建立起农民利益优先、分级承接、分阶段推进的户籍管理制度。

第一，降低门槛，分梯次转户。对于重庆本市农民工在重庆主城区落户，仅需具有合法固定住所，同时符合有高中以上文化程度（含中技）、年收入达到当地城镇职工工资平均水平、签订固定用工合同并实际工作满 5 年三项条件

之一即可落户。对在区县城镇落户的农民工则进一步降低要求，需具有合法固定住所，同时具有稳定职业。在小城镇落户的农民工则只需具有合法固定住所即可。

第二，改革配套政策体系吸引农民工自愿转户。为消除附着在户籍上的城乡差异，同时打消农民工转户的疑虑，重庆综合配套设计了土地、社保、教育、卫生等 10 个方面的政策，形成“3+5”政策体系。所谓“3”，即 3 年过渡，允许转户农民工 3 年内继续保留在农村的宅基地、承包地的使用权及收益权，过渡期满后，转户农民工还可选择是否继续保留其宅基地和承包地。所谓“5”，即 5 项纳入，转户农民工可享受城镇的就业、社保、住房、教育、医疗 5 项政策，一步到位与城镇居民享有同等待遇，实现城乡制度之间的有效衔接。

第三，分阶段推进。在改革进程上不追求一步到位，而是分两阶段推进实施。2010—2011 年，优先转户农民工及其新生代农民工等重点群体约 330 万人，重庆全市户籍人口城镇化率由 29%提高到 37%。2012—2020 年，通过系统的制度设计，畅通城乡户籍转化通道，预计每年转户 80 万~90 万人，即每年把新增符合条件的农民工 60 万~70 万人和 20 万大中专学生及时转户，到 2020 年城镇户籍人口达到 2 000 万人，户籍人口城镇化率提高到 60%以上，常住人口城镇化率提高到 70%左右。

2.3.2 建立农村土地流转制度和农民工退出农村土地的配套政策

在农村，主要是通过建立农村土地流转制度让农民工的承包地流转起来，流转收益作为农民工在城市工作和生活的一层保障。同时，建立农民工退出农村土地的配套政策，让已经在城市立足的农民工通过退出农村土地获得相应补偿，从而彻底转变为城市居民。

第一，引导和鼓励农民工采取多种形式流转承包地使用权。支持农民工以土地承包经营权多形式参与农村集体经济开发，或参与农村土地股份合作制经营，或委托集体经济组织、流转服务机构托管并代为流转土地，其基本收益归农民工所有。同时，健全农民工土地流转服务体系。在市、区县两级建立土地流转管理服务专门机构，在乡镇建立土地托管和流转服务中心，健全农村土地流转信息网络，培育农村土地流转的信息、评估、托管、储备、招商等中介组织，形成较完善的农村土地流转市场服务体系。建立农民土地流转权益保护机制，任何组织和个人不得强迫或阻碍农民进行土地流转，不得违规截留或以其他形式侵占农民土地流转收益；区县和乡镇建立农村土地流转仲裁机构，协调处理土地流转矛盾和纠纷。健全农村土地流转风险防范机制，对流转规模大和涉及农户多的农村土地流转项目，要认真审查流转经营主体财务和资信状况，确保农民的土地权利和流转收益。

第二，建立农民工自愿退出农村土地的配套政策。坚持自愿、有偿的原则引导农民工退出农村承包地、宅基地及其附属设施用地。转户后自愿退出承包地的转户居民，按土地流转指导价格及第二轮土地承包期剩余年限给予退地补偿，由农村集体经济组织负责，将收回耕地以农业大户承包、引进业主承包等方式筹集和发放农村耕地退出补偿金。宅基地及其附属设施用地等建设用地退出后，则将其复垦为耕地，经土地管理部门严格验收后产生的建设用地指标，耕地留在农村，建设用地指标以“地票”形式在重庆农村土地交易所公开拍卖，拍卖收益扣除土地整治成本，85%补偿农民，15%归集体组织。

2.3.3 建立农民工劳动培训制度体系

在城市，通过建立农民工劳动培训制度体系提升农民工素质，使其获得城市居住、生活的职业技能和综合素质，为融入城市打下基础。

第一，健全农村劳动力教育培训制度。加快农村高中阶段教育，大力发展中等职业教育。对农村新增劳动力实施系统性职业技能培训，实现培训全覆盖和中等职业教育全免费。健全农村劳动力培训制度。全面开展农村劳动力义务性、基础性、技能性培训。

第二，构筑多层次的农民工职业技能培训体系。构筑多层次的教育培训体系，把农民工纳入到教育培训体系中来，不断提高农民工的职业技能和综合素质。多层次的教育培训体系包括：一是引导性培训，即主要开展基本权益保护、法律知识、城市生活常识、寻找就业岗位等综合素质的培训。二是职业技能培训，即根据国家职业标准和不同行业、不同工种、不同岗位对从业人员基本技能和操作规程的要求，以定点、定向培养为主。三是创业培训，培训项目主要面向第三产业，结合城市社区服务业的发展和社区就业岗位的开发有重点地进行。

2.3.4 建立政府引导、社会参与、形式多样的农民工安居制度

在居住方面，通过制定最低居住标准、建设农民工公寓、推行公租房和经济适用房以及农民工自建房等多种形式，逐步建立起农民工进城安居制度和配套政策体系。

第一，统筹制定农民工住房建设规划。政府从城市发展规划阶段入手，从

城镇可利用的闲置房源、建设农民工公寓、公租房和经济适用房及商品房供应等多渠道统筹安排，满足各类农民工在城市的安居所需，避免保障性住房不足的问题。

第二，建立保障农民工进城安居的相关土地政策。在土地供应方面，政府积极规划用于农民工住房建设的土地，保障农民工进城安居的土地需求，并将集中安置区的规划与城镇社区融合，避免形成大片集中的“农民区”。同时，建立全市用地指标面积平衡机制，接收农民工的区县建设用地的增加量可与输出地农业用地的增加量相置换，尤其要将农民工进城安居退出的宅基地与其城镇住房建设用地进行占补平衡，指标由全市统筹调剂。

第三，建立农民工住房改善制度。对短期务工和建筑等行业的工棚、工舍，制定最低标准，满足基本生活、卫生和安全要求，达到居住的基本条件。对长期稳定务工农民工，建立公寓供给制度保障其住房条件的改善。在农民工相对集中的区域，由政府规划、组织建设农民工公寓，或收购二手房加以改造，优惠出租给企业和农民工个人。在符合规划的前提下，允许企业利用自有存量土地修建农民工住房，集中安置农民工。利用税费减免鼓励城镇业主利用闲置房源、废旧厂房、仓库或公有住房等改建农民工公寓。

第四，建立农民工的住房保障制度。对已在城镇买房定居的农民工，凡自愿退出农村承包地和宅基地的，由政府给予一次性经济补偿。对在市内已转户的农民工，凡自愿退出农村承包地和宅基地的，纳入经济适用住房保障范围，可享受以成本或微利定价、一次性购买、分期购买或先租后买等多种形式取得住房。对自主购买第一套商品房的，购房应征个人契税由政府全额补贴或减免。

2.3.5 建立平等就业、权益有保障的劳动就业制度

在就业制度方面，通过建立平等就业、权益有保障的劳动就业制度，使农民工在城市享有与城市居民相同的就业权益。

第一，建立和完善城乡统一的劳动力市场。整合各类劳动力市场和人才市场资源，建立全市劳动力资源信息和用工信息制度，形成城乡一体、资源共享、信息互动、网络畅通的劳动力市场信息体系。全面加强和完善农民工就业服务体系，在农民工集中的就业市场，定期组织专场招聘会；公共机构对农民工免收咨询、介绍、技能鉴定等费用。

第二，保障农民工劳动就业的基本权益。加强就业市场管理与监督，对以城乡身份设置就业门槛、不签订劳动合同、差别薪酬等针对农民工的就业歧视

现象进行打击，切实做到一视同仁、同工同酬，保障农民工劳动就业的基本权益。同时，完善企业最低工资标准、行业工资指导线、劳动力市场工资价位制度，强化工时、休息休假等劳动和报酬标准，调整特殊岗位津贴标准。推进就业扶助政策，对符合条件的农民工给予同等享受城镇下岗失业人员的就业和再就业政策，对进城创业和回乡创业的农民工给予小额贷款扶持。

第三，加强农民工劳动权益保障执法监督。构建起市、区县、乡镇（街道）、村（社区）四级服务和监管体系，形成覆盖全社会的劳动执法监督网络。加强以政府为主体的劳动保障监察和劳动争议仲裁队伍建设，就近、就地、快速处理劳动争议案件。强化企业责任，对违反《中华人民共和国劳动合同法》侵害农民工权益的行为严肃查处。建立便捷高效的农民工诉求渠道，形成一个平台及对外、多部门联动的维权案件处理机制。

2.3.6 建立农民工社会保障、子女就学、文化卫生等公共服务制度

通过建立农民工社会保障、子女就学、文化卫生等公共服务制度，将农民工家庭纳入城市福利体系，降低农民工家庭在城市的生活成本，帮助其融入城市。

第一，建立低门槛、广覆盖、可接转的农民工社会保障制度。全面实施工伤保险、大病医疗保险市级统筹等条例和办法，所有企业必须按规定为农民工办理工伤和大病医疗保险。制定方便农民工参保的灵活政策，农民工缴纳养老保险的年限，可以实行累积相加，中间允许间断。打破户籍界限，试行“一个平台，两档标准，城乡统筹，均衡服务”的城乡居民合作医疗保险模式，设立30元/年和120元/年两档参保缴费标准，供城镇居民和农民工双向选择。农民工可以选择较高标准参保，城镇居民也可以选择较低标准参保，满足不同情况城镇居民和农民工参保的需要。建立社会保障可转接制度。一是建立农民工社会保险在辖区范围内可跨地区接转的机制，建立统一的农民工个人账户信息管理系统和服务平台，人员在市域内流动的，只转移保险关系和个人账户，不转移基金。二是建立城乡居民养老保险可跨身份转换的机制。农民工回到农村，则将社保关系和个人账户转到当地农村社保机构，后续参加农村社会保险；农民工若转为城镇居民，则可将个人账户转入城镇居民社会保险体系。三是积极衔接国家社会保障资金划转体制，妥善解决跨省外出农民工社会保障关系接转问题。

第二，健全农民工子女就学、文化卫生等城市公共服务制度。通过统筹城乡教育发展规划，打破城乡教育分割局面，积极整合城乡教育资源，使城镇教

育资源与进城农民工子女就学的需要相适应。把农民工子女入学纳入输入地城镇教育发展和管理体系。输入地政府承担起进城农民工子女义务教育责任，切实纳入城镇教育经费预算，教育行政部门安排以全日制公办中小学为主接收农民工子女入学。对农民工子女在城镇就学给予灵活政策支持。实行农村子女就读优惠政策接转，农民工子女在城镇就读同等享受有关农村子女免费和补助政策。

第三，加强农民工卫生保健、文化体育等公共服务。采取社区卫生服务机构开展上门医疗服务等形式，加强对农民工及其子女的卫生保健服务，实行全市计划免疫疫苗接种“一卡通”，农民工子女可按居住地接受免疫疫苗接种。加强农民工文化、体育等公共服务设施建设，以电视电影、流动图书报刊、信息查询、社会教育等多种公共服务形式，满足农民工对文化服务的需要。

3　重庆农民工家庭城市融合的现状分析

为了掌握当前重庆农民工家庭城市融合状况的第一手资料，我们对重庆农民工家庭进行了抽样调查。

3.1　抽样调查的说明

3.1.1　调查的基本信息

本次调查是由重庆工商大学商务策划学院与西南大学政治与公共管理学院共同承担的，调查员均是重庆工商大学商务策划学院和西南大学政治与公共管理学院的研究生和本科生。由于本研究是以家庭为单位考察农民工城市融合问题，为排除单身农民工对研究结果的干扰，因此本次调查的总体是在重庆市区工作、18 岁以上、来自重庆主城九区以外地区、具有农村户口的已婚移民。由于受抽样框的限制，我们采用多阶段随机抽取样本点，然后依据农民工聚居状态，在样本点采用街头拦截和入户调查相结合的方法对调查对象进行问卷调查。2013 年 6 月，调查人员共发放问卷 600 份，其中江北区、南岸区、北碚区各 200 份，共获得有效问卷 493 份。实地调查完成后，我们采用 EPIDATA 3.1 软件将问卷资料录入到计算机，使用 SPSS 17.0 软件进行数据处理与分析。

3.1.2　测量指标和指标的操作化

3.1.2.1　测量指标

学术界普遍认为农民工的城市融合是一个多维度的综合概念，其测量维度和影响因素主要集中在政治、经济、文化、心理等多个方面。综合考虑指标的操作化需要、测量和调查难度，我们选取了 43 个测量指标，其中客观指标 25 个，态度测量指标 18 个，具体参见表 3-1。

表 3-1　　调查指标

序号	客观指标	序号	态度测量指标
1	性别	26	职业满意程度
2	年龄	27	工会是否有帮助
3	迁出地	28	子女受教育条件与本地人是否有区别
4	婚姻状况	29	家庭身份认同度
5	文化程度	30	住房满意程度
6	家庭规模	31	本地购房意愿
7	居留时间	32	本地语言掌握程度
8	户籍状况	33	本地风俗熟悉程度
9	职业	34	本地价值观接受程度
10	个人月收入	35	人际交往范围
11	家庭月收入	36	与本地人交往意愿
12	每周工作小时数	37	朋友中本地人朋友比例
13	职业稳定程度	38	向本地人朋友求助意愿
14	配偶随居状况	39	户口迁移意愿
15	配偶职业稳定程度	40	对子女与本地人通婚的态度
16	工作单位是否有工会组织	41	参与社区活动意愿
17	是否参加了工会	42	邻居认识程度
18	享有的社保项数	43	在社区受欢迎程度
19	子女随居状况		
20	子女是否在本地受教育		
21	子女所上学校(幼儿园)的性质		
22	住房的性质		
23	本地亲属数量		
24	在本地的朋友数量		
25	社区是否有居委会		

3.1.2.2 指标的操作化

在本次调查选取的43个测量指标中，有性别、年龄、迁出地、婚姻状况、文化程度、家庭规模、居留时间、职业、个人月收入、家庭月收入等被调查者个人资料类指标10个，其余33个指标为城市融合指标。城市融合指标的操作化测量如下：

“户籍状况”。“户籍状况”分为“在重庆未办理任何居住证件”“办理了暂住证”“办理了居住证”“本地户口”（由于此前做了筛选，这里仅指本地农业户口）4种情况，分别赋值为1~4。

“职业稳定程度”和“配偶职业稳定程度”。“职业稳定程度”和“配偶职业稳定程度”是指被调查者及其配偶职业的稳定和保障化程度。操作化问题为“您（您爱人）工作单位的性质是?”答案为“私营企业打工没有签订正式的劳动合同”“私营企业打工并签订正式的劳动合同”“自己做生意”“国有企业/事业单位”4种类别，分别赋值为1~4。

“配偶随居状况”。“配偶随居状况”是指被调查者是否与配偶在迁入城市共同居住。操作化问题为“您爱人是否跟随您到重庆?”答案为“否”“是”两种类别，分别赋值为1和2。

“工作单位是否有工会组织”和“是否参加了工会”。“工作单位是否有工会组织”和“是否参加了工会”是指被调查者的工作单位是否有工会组织，并是否参加。操作化问题为“您工作的单位是否有工会组织?”“您是否参加了本单位的工会组织?”答案为“否”“是”两种类别，分别赋值为1和2。

“工会是否有帮助”。“工会是否有帮助”是指工会对被调查者生活上帮助状况。操作化问题为“您觉得工会组织对您在重庆生活是否有帮助?”答案为“没有帮助”“说不清楚”“有些帮助”“帮助很大”，分别赋值为1~4。

“子女随居状况”。“子女随居状况”是指被调查者是否将子女带在身边。操作化问题为“您的孩子是否跟随您到重庆?”答案为“否”“是”两种类别，分别赋值为1和2。

“子女是否在本地受教育”。操作化问题为“您的孩子是否在本地接受教育?”答案为“否”“是”两种类别，分别赋值为1和2。

“子女所上学校（幼儿园）的性质”。“子女所上学校（幼儿园）的性质”是指被调查者子女是否进入公立学校或幼儿园读书。操作化问题为“您的孩子所上学校（或幼儿园）是否是公办学校（或幼儿园）?”答案为“否”“是”两种类别，分别赋值为1和2。

“子女受教育条件与本地人是否有区别”。“子女受教育条件与本地人是否有区别”是指被调查者认为其子女在本地接受教育是否与本地人相同，其区别在哪些地方。操作化问题为“您的孩子进入公立学校（或幼儿园）与本地人有无区别?”答案为“否”“是”两种类别，分别赋值为1和2；“这些区别主要是哪些方面?”答案为“须缴纳赞助费（或借读费）”“须办理暂住证、居住证”“须买房”“须捐赠”“其他”，分别赋值为1~5。

“住房的性质”。操作化问题为“您在重庆的住房是?”答案为“单位工棚”“单位宿舍”“雇主家/亲友家暂住”“与人合租”“单独租房”“自建住房”“购买商品房”7种类别，分别赋值为1~7。

“在本地的朋友数量”。操作化问题为“您在本地有多少朋友?”答案为“一个都没有”“1~2个”“3~5个”“5~10个”“10个以上”5种类别，分别赋值为1~5。

“社区是否有居委会”。操作化问题为“您居住的社区是否有居民委员会?”答案为“没有”“不知道”“有”，分别赋值为1~3。

“家庭身份认同度”。“家庭身份认同度”是指被调查者对其家庭所具有的本地属性的认同程度。操作化问题为“您认为您和您的家庭属于?”答案为“外地人”“既是重庆人又是外地人”“新重庆人”“重庆人”4种类别，分别赋值为1~4。

“本地购房意愿”。操作化问题为“您是否考虑在重庆市主城区买房?”答案为“从没考虑过”“不考虑5年内够买”“考虑5年内购买”“已经购买”4种类别，分别赋值为1~4。

“本地语言掌握程度”。操作化问题为“您会讲重庆话吗?”答案为“不能讲”“能讲一些”“能讲但当地人能听出我是外地人”“能讲而且不仔细听不能听出我是外地人”4种类别，分别赋值为1~4。

“本地风俗熟悉程度”。操作化问题为“您是否熟悉本地特有的风俗习惯?”答案为“不熟悉”“知道一些”“大部分知道”“很熟悉”4种类别，分别赋值为1~4。

“本地价值观接受程度”。操作化问题为“在日常生活中，您会按照本地风俗习惯办事吗?”答案为“从不遵守”“仅仅与本地人交往时遵守”“大部分遵守”“完全遵守”4种类别，分别赋值为1~4。

“人际交往范围”。操作化问题为“您觉得您在社会上的人际交往属于?”答案为“很狭窄”“不太广泛”“一般”“广泛”“很广泛”5种类别，分别赋值为1~5。

“朋友中本地人朋友比例”。操作化问题为“在您的朋友中，重庆本地人占的比例是?”答案为“没有本地人朋友”“本地人朋友少于外地人朋友”“本地人朋友和外地人朋友各占一半”“本地人朋友多于外地人朋友”4种类别，分别赋值为1~4。

“向本地人朋友求助意愿”。操作化问题为“当您在重庆遇到困难了，是否会向本地人朋友求助?”答案为“不会”“若非万不得已，不会向本地人朋友求助”“会向本地人朋友求助”3种类别，分别赋值为1~3。

“参与社区活动意愿”。操作化问题为“您是否愿意参与社区活动?”答案为“不愿意”“无所谓”“愿意”3种类别，分别赋值为1~3。

“邻居认识程度”。操作化问题为“您对居住地周围邻居的认识程度是?”答案为“完全不认识”“认识很少几个”“认识一些”“认识很多”4种类别，分别赋值为1~4。

“在社区受欢迎程度”。操作化问题为“您感觉所在社区的本地居民是否欢迎您的家庭在这里居住?”答案为“不欢迎”“说不清楚”“欢迎”3种类别，分别赋值为1~3。

“每周工作小时数”“享有的社保项数”“本地亲属数量”为3项客观指标，其含义分别为“平均每周工作天数”与“平均每周工作小时数”之积；购买了失业、养老、医疗、工伤、生育5项保险中的几项；所有生活在重庆主城的亲戚数量。

“职业满意程度”“住房满意程度”“与本地人交往意愿”“户口迁移意愿”“对子女与本地人通婚的态度”为5项态度测量指标，从“很不满意（很不愿意）”到“很满意（很愿意）”共分5级，分别赋值为1~5。

3.1.2.3 样本的描述统计

从性别上看，男性被调查者略多于女性被调查者，其中男性占58%，女性占42%。从婚姻状况上看，由于已经排除单身农民工，因此样本中绝大部分为已婚，其中已婚占94.1%，离异占4.3%，丧偶占1.6%。从户籍状况上看，有近一半（49.1%）的农民工未办理任何证件，办理了居住证的占26.4%，办理了暂住证的占8.9%，还有15.6%的农民工为主城九区的农村户籍人员。从文化程度上看，被调查者普遍文化程度较低，其中没上过学的占9.1%，小学文化的占28.4%，初中文化的占31.4%，高中文化的占18.1%，大专文化的占6.1%，本科以上文化的占6.9%。从迁出地上看，绝大部分来自于重庆本市和相邻的四川，其中来自重庆本市的占63.1%，来自四川的占26.2%，来自其他省份仅占10.7%。从职业状况上来看，绝大部分农民工在民营企业打工或自己做生意，其中在民营企业打工的占58.4%，自己做生意的占33.1%，在国营企业和事业单位打工的仅占5.1%。调查样本的基本情况如表3-2所示。

表3-2　　样本的基本变量描述性分析（N=493）

指　标	频数与百分比(%)	指　标	频数与百分比(%)
性别		文化程度	
男	286（58）	没上过学/扫盲班	45（9.1）
女	207（42）	小学	140（28.4）
婚姻状况		初中	155（31.4）
已婚	464（94.1）	高中/中专/职高	89（18.1）
离异	21（4.3）	大学专科	30（6.1）
丧偶	8（1.6）	大学本科以上	34（6.9）
户籍状况		工作单位性质	
未办理任何证件	242（49.1）	民营企业	288（58.4）
居住证	130（26.4）	自己做生意	163（33.1）
暂住证	44（8.9）	国有企业/事业单位	25（5.1）
本市户口	77（15.6）	其他	17（3.4）

3.2　重庆农民工家庭城市融合的现状

3.2.1　农民工家庭城市融合的因子结构

正如前文所述，在关于农民工城市融合问题的研究中，融合度的测量、结构维度和指标体系的构建一直是其研究的基础与难点问题。学界对这一问题进行了持续、广泛的研究与探讨。田凯认为，流动人口的社会融合包括3个层面，即经济层面、社会层面、心理或文化层面①；王桂新等运用层次分析法构建了一个拥有居住条件、经济生活、社会关系、政治参与、心理认同5个一级指标和20个二级指标的评价指标系统②；刘传江、程建林从外部制度因素、农民工群体市民化进程和农民工个体市民化进程三方面对农民工城市融合程度

① 田凯. 关于农民工的城市适应性的调查分析与思考［J］. 社会科学研究，1995（5）.
② 王桂新. 中国城市农民工市民化研究——以上海为例［J］. 人口与发展，2008（1）.

进行测量，并构建了一个包括12个二级测量指标的指标体系[①]；徐建玲从经济学角度研究农民工城市融合问题，并选取了外部制度因素、农民工市民化意愿和市民化能力3个维度考察农民工城市融合水平[②]。可见，学界对农民工家庭城市融合度的结构及其构成要素仍存在较大争议。上述研究仍基本上是从农民工个体的视角进行研究，而对农民工城市融合的家庭化模式和家庭化影响因素缺少关注。近年来，随着我国人口城市化进程的发展，农民工进入城市的方式开始从过去那种以个人为主体的迁居方式逐渐向家庭化迁居转变，家庭因素开始成为农民工乡城迁移的重要影响因素。因此，已有研究成果就显得更加匮乏了。考虑到这种情况，我们摒弃先入为主的成见，试图利用第一手的调查数据，运用探测性因子分析（Exploratory Factor Analysis）的方法来界定农民工家庭城市融合的基本结构。

综合已有研究成果，同时考虑从家庭这一视角研究的需要和分析方法对变量类型的要求，我们选择了与农民工家庭城市融合相关的22个指标作为因子分析的分析变量。其中，"户籍状况""职业稳定程度""配偶职业稳定程度""享有的社保项数""每周工作小时数""本地亲属数量""在本地的朋友数量""朋友中本地人朋友比例""住房的性质"9项指标为客观指标；"户口迁移意愿""家庭身份认同度""职业满意程度""住房满意程度""本地购房意愿""本地语言掌握程度""本地风俗熟悉程度""本地价值观接受程度""人际交往范围""向本地人朋友求助意愿""邻居认识程度""在社区受欢迎程度""子女与本地人通婚意愿"13个指标为态度测量指标。

首先，我们对前述22项社会融合指标进行了相关关系的矩阵分析，结果发现"享有的社保项数""每周工作小时数"与其他变量的相关系数均在0.2以下；"户籍状况""户口迁移意愿""子女与本地人通婚意愿"与其他变量的相关系数均在0.3以下。因此，这5项指标不适合与其他指标进行因子分析，故在下一步的因子分析中予以剔除。

然后，我们运用探测性因子分析方法，对其余的17项城市融合指标进行主成分分析，采用方差极大值法（Varimax）对因子负荷进行正交旋转，结果见碎石图（见图3-1）。

① 刘传江，程建林. 第二代农民工市民化：现状分析与进程测度［J］. 人口研究，2008（5）.

② 徐建玲. 农民工市民化进程度量：理论探讨与实证分析［J］. 农业经济问题，2008（9）.

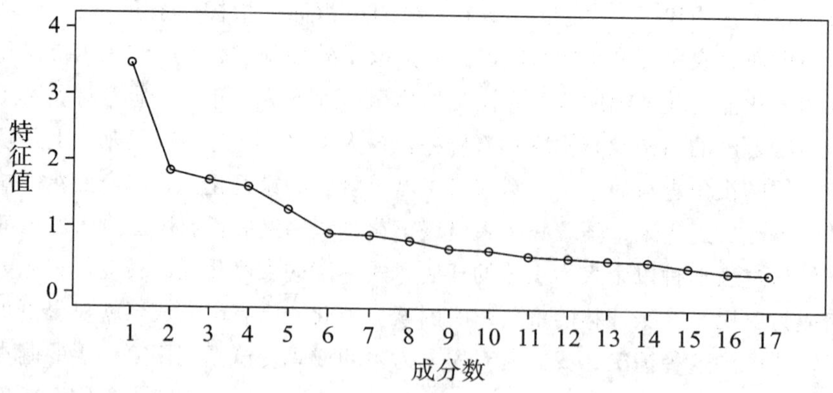

图 3-1　探索性因子分析的碎石图

从分析结果来看，我们提取到 5 个特征值大于 1 的主成分，分别用 *F*1、*F*2、*F*3、*F*4 和 *F*5 表示，具体分析结果参见表 3-3。从表 3-3 可以看到，除了“本地亲属数量”“人际交往范围”“向本地人朋友求助意愿”和“社区受欢迎程度”4 个指标以外，其余 13 个指标的共用度（公因子方差）均在 0. 5 以上。5 个因子累计方差贡献率达到 58. 117%。KMO 检验值为 0. 715，巴特利特球体检验值 1 264. 633（$P<0.001$），说明这些变量存在潜在的因子结构，适合进行因子分析。

表 3-3　农民工家庭城市融合的因子分析结果

自变量	*F*1 社会网络融合	*F*2 文化融合	*F*3 经济融合	*F*4 心理融合	*F*5 职业融合	共用度
家庭身份认同度	0. 157	0. 354	0. 228	0. 419	−0. 415	0. 549
职业稳定程度	−0. 036	0. 126	0. 095	0. 064	0. 773	0. 627
职业满意程度	0. 056	−0. 102	−0. 022	0. 695	0. 062	0. 501
配偶职业稳定程度	−0. 044	−0. 004	0. 148	0. 107	0. 727	0. 565
住房的性质	0. 030	−0. 003	0. 828	0. 019	0. 124	0. 701
住房满意程度	−0. 210	−0. 035	0. 289	0. 686	0. 027	0. 600
本地购房意愿	0. 134	−0. 026	0. 826	0. 062	0. 054	0. 708
本地语言掌握程度	0. 155	0. 689	0. 239	0. 085	−0. 152	0. 586
本地风俗熟悉程度	0. 067	0. 867	0. 047	0. 015	0. 132	0. 775
本地价值观接受度	0. 030	0. 727	−0. 100	−0. 107	0. 093	0. 560

表3-3(续)

自变量	$F1$ 社会网络融合	$F2$ 文化融合	$F3$ 经济融合	$F4$ 心理融合	$F5$ 职业融合	共用度
本地亲属数量	0. 248	0. 249	0. 556	-0. 020	0. 064	0. 437
人际交往范围	0. 643	0. 058	0. 108	0. 247	0. 019	0. 489
在本地的朋友数量	0. 781	0. 024	0. 237	-0. 058	0. 044	0. 672
本地人朋友比例	0. 725	0. 155	0. 188	-0. 043	-0. 115	0. 601
向本地人朋友求助意愿	0. 671	0. 010	-0. 028	0. 011	-0. 151	0. 475
邻居认识程度	0. 501	0. 256	-0. 122	0. 395	0. 238	0. 543
社区受欢迎程度	0. 313	0. 082	-0. 162	0. 592	0. 088	0. 489
特征值	3. 463	1. 852	1. 697	1. 605	1. 263	
方差贡献率	20. 371	10. 892	9. 982	9. 441	7. 431	
累计方差贡献率	20. 371	31. 262	41. 245	50. 686	58. 117	

Extraction Method：Principal Component Analysis

Rotation Method：Varimax with Kaiser Normalization

从经过最大正交旋转后得到因子负载矩阵可以看出，“人际交往范围”“在本地的朋友数量”“本地人朋友比例”“向本地人朋友求助意愿”“邻居认识程度”5 项指标在 $F1$ 的负荷值最高，分别为 0. 643、0. 781、0. 725、0. 671 和 0. 501，说明这 5 项指标的数据信息主要为 $F1$ 所代表的。这 5 指标主要反映了农民工家庭在迁入地的社会关系和交际网络的情况，因此将 $F1$ 命名为社会网络融合因子。

“本地语言掌握程度”“本地风俗熟悉程度”“本地价值观接受程度”3 项指标在 $F2$ 上的负荷值分别为 0. 689、0. 867 和 0. 727。语言、风俗和价值观都属于社会文化范畴的指标，因此我们将 $F2$ 命名为文化融合因子。

$F3$ 主要由“住房的性质”“本地购房意愿”“本地亲属数量”3 项指标来代表，其因子负荷值分别为 0. 828、0. 826 和 0. 556。“住房的性质”“本地购房意愿”在很大程度上能够说明农民工家庭的经济状况。我国的农民工乡城迁移往往以血缘、地缘关系为纽带，其背后则是与之相匹配的经济推动力。因此，我们将 $F3$ 命名为经济融合因子。

$F4$ 主要包括“家庭身份认同度”“职业满意程度”“住房满意程度”“社区受欢迎程度”4 项指标，其负荷值分别为 0. 419、0. 695、0. 686 和 0. 592。

这 4 项指标都是态度测量指标，反映了农民工对迁入地的心理感受，因此将 *F*4 命名为心理融合因子。

*F*5 对应着“职业稳定程度”“配偶职业稳定程度”两项指标，其负荷值分别为 0.773 和 0.727。由于农民工在进入城市的初始阶段主要在城市非正规部门就业①，职业的不稳定必然带来家庭的流动性和融入前景的不确定性。这两项指标主要通过农民工夫妻双方就业的正规化程度来反映其家庭在迁入地的稳定性和融入前景，因此将 *F*5 命名为职业融合因子。

由此，我们得到了农民工家庭城市融合的因子结构，即农民工家庭城市融合应主要包括社会网络、文化、经济、心理和职业五方面内容。从现有农民工个体的城市融合研究成果来看，学界曾提出过经济、社会、文化三因素论；生存职业、社会身份、自身素质、意识行为四因素论；居住条件、经济生活、社会关系、政治参与、心理认同五因素论等理论。本书的研究得到的农民工家庭城市融合度的因子结构基本没有跳出以上因素。这一方面证明了从多维度出发研究农民工城市融合问题的合理性，另一方面也说明农民工家庭的城市融合状况主要还是取决于家庭主要劳动力（即农民工）的融合状况。另外，虽然这 5 个因子对农民工家庭城市融合度的方差贡献率存在差异，但我们认为这并不能代表它们对农民工家庭城市融合作用的大小。这种差异主要来自于统计学上，即对可量化的自变量的选取。我们认为，对于农民工家庭的城市融合，经济融合是基础，职业融合是保障，社会网络融合是途径，文化融合和心理融合是关键。这 5 个方面不分主次、不可偏废，共同构成了农民工家庭城市融合的基本维度。

从当前学界对农民工个体的城市融合研究来看，户籍均是影响农民工城市融合的重要影响因素。而从本次调查结果来看，仅有的两个户籍变量均被排除在农民工家庭城市融合的基本机构之外了。究其原因，可能有二：一是由于城镇户口的居民不是本次的调查对象，并通过调查问卷的筛选问题予以排除了，因此，“户籍状况”这一变量的变异性较小；二是自 2007 年批准设立全国统筹城乡综合配套改革实验区，重庆出台了一系列改革措施，城镇户口的含金量已经大不如前，反之农村户口的含金量上升，从而降低了户籍与其他变量的相关性。我们认为，当附属在户籍之上的经济利益逐渐褪去后，户籍本身并不能单独构成农民工家庭城市融合的评价指标。

---

① 托达罗. 第三世界的经济发展：上册［M］. 于同申，等，译. 北京：中国人民大学出版社，1988.

3.2.2 重庆农民工家庭城市融合的总体状况

为了更加直观和便于比较，我们将探测性因子分析所获得的5个因子的因子值转化为0~100的数值[①]，然后以5个因子的方差贡献率为权数进行求和，构造出城市融合度指标。其结果参见表3-4。

表3-4　　农民工家庭城市融合状况

	社会网络融合因子	文化融合因子	经济融合因子	心理融合因子	职业融合因子	城市融合度
Mean	57.524	63.318	45.543	54.018	47.970	51.657
S.D	20.390	21.184	21.497	17.523	20.202	18.117

从表3-4可以发现，总体上看，重庆农民工家庭城市融合总体水平不高，刚刚过半（Mean=51.657，S.D=18.117）。这反映出重庆农民工城乡流动的总体质量偏低，大量的已经成功实现职业转变和居住空间转移的农民工家庭并没有真正融入所在的城市。农民工家庭在社会网络、文化、经济、心理、职业等方面，与当地居民相比还存在较大差距。这种差距只有经过长期的社会互动与社会适应才能得到缩小与缓和。

在所有5个维度上，重庆农民工家庭的文化融合、社会网络融合、心理融合领先于总体城市融合程度。其中，文化融合程度最高，得分为63.318（S.D=21.184）；社会网络融合和心理融合程度其次，得分分别为57.524（S.D=20.390）、54.018（S.D=17.523）；职业融合、经济融合落后于总体城市融合程度，得分分别为47.970（S.D=20.202）、45.543（S.D=21.497）。可见，制约重庆农民工家庭进一步融入城市的主要是职业和经济因素。

下面我们就从经济、文化、社会网络、职业、心理5个方面分别对目前重庆外来农民工的城市融合状况逐一作出分析。

3.2.3 经济融合状况

3.2.3.1 行业

从农民工在重庆所从事的行业来看，主要集中在商业服务业、建筑施工业、餐饮服务业和制造加工业。在以上行业就业的农民工分别占所有农民工的37%、18%、14%和11%。此外，环境卫生劳务业和交通运输业也是外来农民

① 转化公式：（因子值-最小值）÷全距×100

工就业相对集中的行业，分别占所有农民工的8%和7%（见图3-2）。可见，外来农民工就业主要集中在第二产业的建筑业和低端的第三产业，这在一定程度上反映了外来农民工在学历知识和专业技能上的匮乏。与此相对应，外来农民工在重庆的工作单位主要以私营企业和自营企业（包括个体经营）为主，其中前者占60.5%，后者占34.2%。在私营企业就业的农民工中，未签订劳动合同的占61.2%。由此可见，重庆的农民工仍主要是在城市非正规部门就业，就业质量和职业稳定程度均较低。

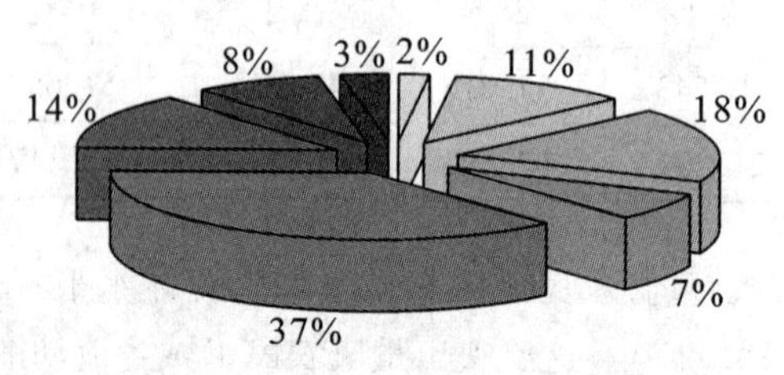

图3-2　重庆农民工就业的行业分布

3.2.3.2　工作时间

调查数据显示，重庆农民工平均每天工作10.3小时。有43.4%的农民工每天工作10小时以上。从每周工作时间上看，只有22.7%的农民工每周工作5天或5天以下，有52.3%的农民工每周工作6天，有25%的农民工每周工作7天。这在一定程度上说明重庆农民工的就业主要集中在用工制度不规范的城市非正式部门，劳动时间和劳动强度总体上比市民要大。

3.2.3.3　收入

从调查数据来看，农民工个体和农民工家庭的平均月收入分别只有2 511.89元和5 262.23元，78.7%的农民工月收入在3 000元以下，65.7%的农民工的家庭月收入在5 000元以下。根据重庆市统计局的统计数据，2013年重庆就业人员平均工资为44 111元/年，相当于3 675.9元/月。可以看出，外来农民工的收入与重庆市民的收入相比仍明显偏低。在工资发放方面，重庆农民工的工资发放总体情况较好。84.7%的被调查者认为工作单位能按时足额支付工资，但仍有13.1%的被调查者反映单位偶尔或经常欠薪。

3.2.3.4　住房

住房是影响农民工城市融合的重要因素。从本次调查数据来看，暂住在单位工棚、单位宿舍、雇主家或亲友家的农民工占17%，与人合租或单独租房居住的农民工占62%，购买商品房和自建住房的农民工仅占18%（见图3-3）。

除了自有住房率低以外，本次调查还发现重庆农民工的购房意愿也很低。在所有无自有住房的农民工家庭中，只有 22.8%的农民工考虑 5 年内在重庆购买商品房，从没考虑过和短期内没有考虑过在重庆购买商品房的家庭占 77.2%。通过深度访谈，我们发现这种现象背后的原因并不是农民工不想拥有自有住房，而是他们在商品房价格与货币支付能力之间存在巨大反差的情况下的一种无奈选择。较低的住房自有率和购房意愿使农民工始终觉得在城市像无根的过客，这在一定程度上影响了农民工的城市融合。

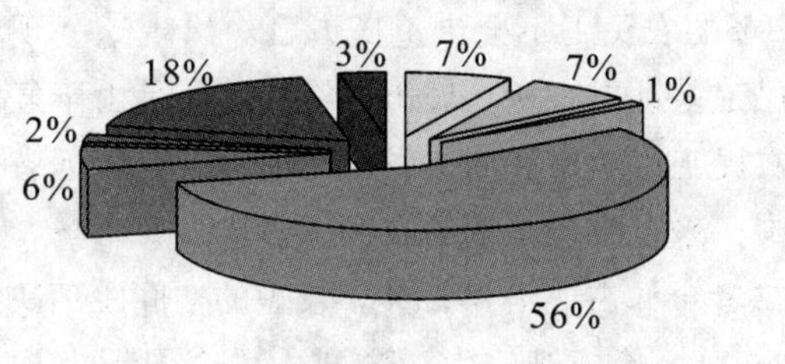

图 3-3　重庆农民工住房的性质

3.2.3.5　社会保障

调查数据显示，有 46.2%的农民工没有购买任何社会保险，也就是说将近一半的农民工是在毫无保障的情况下在城市工作和生活的。在所有的社会保险中，购买医疗保险的农民工最多，有 47.7%的农民工购买；其次是养老保险，有 26%的农民工购买；而工伤保险、失业保险和生育保险分别只有 17.6%、13.8%和 11.2%的农民工购买（见图 3-4）。可见，有相当一部分农民工仍游离于社会保障安全网之外，社会保险的覆盖面还不高。一旦遇到伤病意外，其承受能力的脆弱性便很容易表现出来，进而对其个人和家庭在城市的生活带来困难。导致这一问题发生的原因，除了用人单位出于经济考虑不愿为农民工购买以外，现有社会保障制度设计不合理导致农民工参保积极性不高也是重要原因。

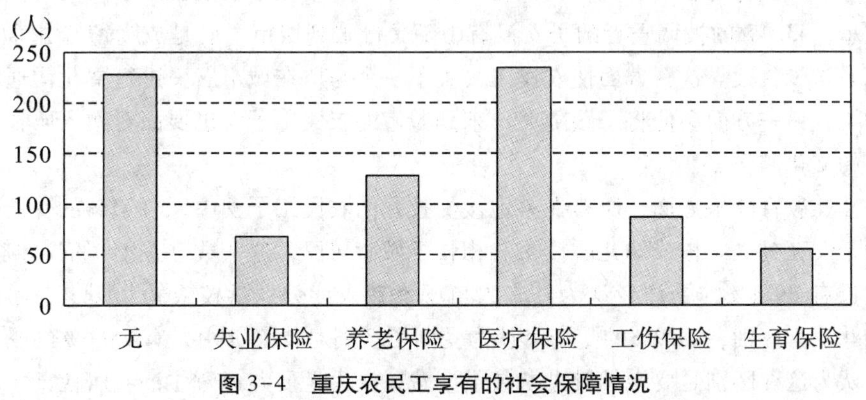

图 3-4　重庆农民工享有的社会保障情况

3.2.4 文化融合状况

3.2.4.1 语言

从调查数据来看，语言并不是阻碍外来农民工融入城市的主要原因。54.4%的被调查者能讲重庆方言，而且不仔细听，不会被听出外地口音；20.1%的农民工表示会说重庆方言，但能被听出外地口音。也就是说，有74.5%的外来农民工表示自己会讲重庆方言。另外，认为自己能讲一些重庆方言的农民工有17.4%。只有8.1%的农民工不会讲重庆方言。出现这一现象的原因，我们并不认为是外来农民工主动融入所在城市的结果。而是由于经济辐射范围较小，重庆吸引的外来农民工以本市和周边省份为主，来自较远省份的农民工数量较少。在本次调查中，来自重庆本地的农民工占比为63.1%，来自四川的农民工占比为26.2%，二者合计占比为89.3%。较短的空间距离决定了外来农民工与重庆市区居民在语言、价值观、生活方式、风俗习惯上比较相近，从而大大降低了外来农民工文化融入的困难。

3.2.4.2 风俗习惯

与语言类似，外来农民工对当地风俗习惯也比较了解，对当地价值观接受程度较高。调查数据显示，67.3%的农民工对本地特有的风俗习惯熟悉或很熟悉；32.1%的农民工表示对本地特有的风俗习惯知道一些；完全不了解本地特有的风俗习惯的农民工只占8.9%。在被问到“在日常生活中是否会按照本地风俗习惯办事”时，78.5%的农民工表示会按本地风俗习惯办事或者遵守大部分本地风俗习惯；表示“仅与本地人交往时才遵守”和“不遵守”的农民工分别仅占14.2%和7.3%。

3.2.4.3 子女教育

子女教育是影响农民工在文化上深度融入所在城市的重要因素。调查资料显示，43.4%的被调查者的子女没有跟随父母来到城市，而是成为留守儿童在家乡学校就读。这一方面使农民工失去了一个与所在城市居民进行文化沟通的桥梁，另一方面会使将来跟随父母来到城市的农民工子女也要面对融入所在城市的文化鸿沟。

在教育公平方面，所有在本地接受教育的农民工子女中，有71%的受访者的子女在公立学校或幼儿园读书。相较于城市居民，这一数字并不算低。但其中只有39.1%的受访者认为外来人口子女在入读公立学校或幼儿园上与本地人并没有区别，60.9%的受访者认为受到了区别对待。其中，有75.6%的受访者认为这种区别是要缴纳赞助费或借读费，认为是要办理暂住证或居住证、要买房、要捐赠的受访者的比例分别是6.7%、4.4%和2.2%。可见，收费仍是农民工子女在城市就学遇到的主要困难，但同时我们也不能忽视其他政策性障碍。

3.2.5 社会网络融合方面

3.2.5.1 人际交往范围

调查资料显示，35.3%的受访者认为自己在城市的交往范围很狭窄或不广泛，认为很广泛或广泛的受访者只占23.3%。将农民工的态度从“很狭窄”到“很广泛”依次赋值1~5，对样本均值进行单样本T检验（检验值为3），在99%置信度水平下，样本均值（2.8）与检验值存在显著差异（P=0.000）。这表明农民工对自己人际交往范围的判断偏向狭窄。这里需要强调的是，这并不能必然得出农民工在城市社会关系网络匮乏的结论。与东部发达城市不同，由于经济辐射范围有限，西部城市外来农民工往往迁移距离较短。这就意味着农民工在迁入地有较多的亲戚、朋友，从而导致由血缘、地缘为纽带形成的社会关系网络比较发达。调查资料显示，外来农民工在重庆本地的亲戚数量达到了10.1人。可见，重庆外来农民工的总体社会网络融合程度偏低，并且仍以亲缘关系为主。

3.2.5.2 与本地居民的交往意愿

虽然自我评价人际交往范围较狭窄，但外来农民工普遍表现出希望与本地人交往的意愿。从本次调查资料来看，76.7%的被调查者愿意或非常愿意与本地人交朋友；认为与本地人交不交朋友无所谓（或不知道）的被调查者占14.2%；不愿意或非常不愿意与本地人交朋友的被调查者仅占9.1%。可见，绝大部分外来农民工渴望与本地居民相互了解和交往，从而在社会网络关系上更好地融入城市。

从困难求助方面看，农民工更多地选择比较现实的亲缘、地缘关系作为求助对象。调查资料显示，农民工在城市遇到难以解决的困难时，71.2%的受访者选择向亲戚或老乡寻求帮助，而选向朋友、单位同事、邻居寻求帮助的受访者分别只占16.6%、7.1%、5.1%。此外，25%的农民工明确表示遇到困难时不会向本地人朋友求助；23.2%的农民工表示若非万不得已不会向本地人朋友求助；51.8%的农民工表示会向本地人朋友求助（包括“要看具体困难”“不会考虑朋友籍贯”）。这从另一个角度说明外来农民工与城市居民之间缺乏交流，进而影响到彼此之间的理解和信任。

3.2.5.3 社区参与

社区是农民工城市融合的社会化组织载体，并在其中发挥了不可替代的作用。从农民工社区参与情况看，其社区融入程度较低。调查数据显示，75.7%的农民工没有参加过任何社区活动；8.7%的农民工参加过社区组织的募捐等社会活动；6.5%的农民工参加过“坝坝舞”等娱乐活动；6.3%的农民工参加过治安巡逻、安全讲座等安全管理活动；仅有2.8%的农民工参加过选举与被选举等政治活动（见图3-5）。可见，农民工社区活动参与度很低，社区政治活动参与度则更低。

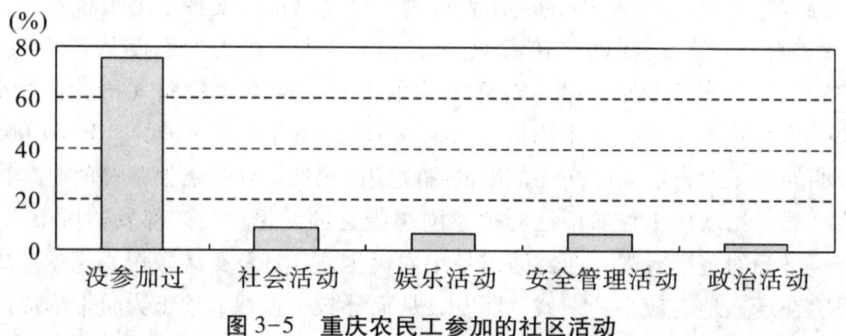

图3-5 重庆农民工参加的社区活动

与实际参与情况不同，外来农民工的社区活动参与意愿比较高。根据调查数据，表示愿意参与社区活动的农民工占44.2%；表示参不参加社区活动无所谓的农民工占32.5%；不愿意参与社区活动的农民工占23.3%。将农民工对社区活动的态度从“不愿意”到“愿意”依次赋值1~3，对样本均值进行单样本T检验（检验值为2），在99%置信度水平下，样本均值（2.2）与检验值存在显著差异（P=0.000）。这说明农民工总体上对参与社区活动持积极态度。农民工社区融入的障碍主要是政府服务项目缺失以及在引导和鼓励农民工社区参与的制度安排还不够健全。

从与邻居的交往上看，农民工与周围邻居交往仍显不足。从本次调查来看，表示认识很多邻居的农民工占20.5%；认识一些邻居的农民工占39.8%；认识很少邻居的农民工占30.6%；完全不认识邻居的农民工占9.1%。此外，在调查中，56.4%的被访者认为所在社区的本地居民对自己在这里居住持欢迎态度；只有1.6%的被访者反映所在社区的本地居民不欢迎他们在这里居住。由此可见，农民工与周围邻居交往较少，并不是由于本地居民对农民工存在歧视和排斥，更多是由现代人际交往方式导致的。

3.2.6 心理融合状况

3.2.6.1 自我身份认知

从农民工自我身份和社会地位定位上看，农民工对所在城市的认同度仍偏低。根据调查数据，认为自己是重庆人的农民工占37.2%，认为自己是外地人的农民工占26.6%，认为自己既是重庆人也是外地人的农民工占13.8%，认为自己是新重庆人的农民工占12.4%（见图3-6）。单纯地从调查数据上看，外来农民工认为自己是重庆人或新重庆人的比例并不低。但在实际生活中，"重庆人"这一概念更多地被赋予的是一种地域内涵，而非心理概念。因此，如果把来自重庆农村地区的农民工筛除掉，只考虑外省农民工，我们就会发现认为自己是重庆人或新重庆人的农民工只占28.5%。高达50.1%的农民工认为自己仍是外地人，认为自己既是重庆人又是外地人的农民工占21.4%（见图3-6）。可见，农民工真正从观念和心理上实现与所在城市的社会融合，增进对所在城市的心理归属感，仍任重道远。

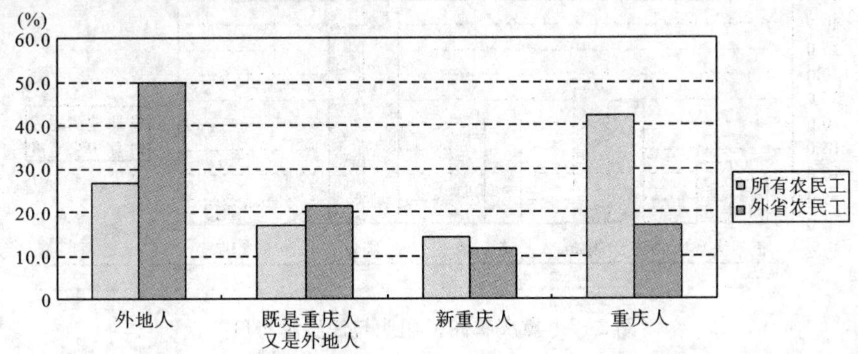

图3-6 重庆农民工自我身份认知状况

3.2.6.2 *对职业与住房的满意度*

职业与住房是农民工在城市生存的重要资产。农民工对所从事职业与居住条件的满意程度会直接影响到其在城市的居住稳定性，在一定程度上也代表了其城市融入程度。从职业满意度来看，虽然就业质量较低，但从本次调查的数据来看，农民工对其从事职业的满意度并不低。调查数据显示，46.2%的农民工对目前在重庆从事的职业感到满意，其中非常满意的占3.6%。而对目前在重庆从事职业的满意度感到不满意的农民工占全部样本的32.8%，其中很不满意的占8.2%（见图3-7）。可见，对所从事职业持满意态度的农民工人数明显多于持不满意态度的人数。根据前面的分析，我们发现，一方面是农民工就业质量低、劳动强度大、收入水平低，另一方面是农民工的职业满意度较高。我们认为，造成这种现象的原因主要是农民工对其自身综合素质具有较客观的评价，从而拉低了其对职业的期望水平。此外，在评判职业满意度时，农民工选取的参照系往往是自己过去在农村的职业与收入，而不是城市居民。这也是导致农民工职业满意度较高的一个重要因素。

与职业满意度相似，虽然农民工在城市的居住条件较差，但农民工对居住条件并没有表现出特别的不满。调查数据显示，43.3%的农民工对目前在重庆的住房感到满意，其中非常满意的占3.9%；而感到不满意的农民工占全部样本的38.9%，其中很不满意的占12%（见图3-7）。在深度访谈中，我们发现，由于现实困难（收入低、房价高）的存在，有相当一部分外来农民工仅将城市看成临时工作地，将来仍要回到农村居住、生活，从而对城市居住条件的要求自然就降低了。这其实从一个侧面反映出农民工并没有在心理上真正融入城市。

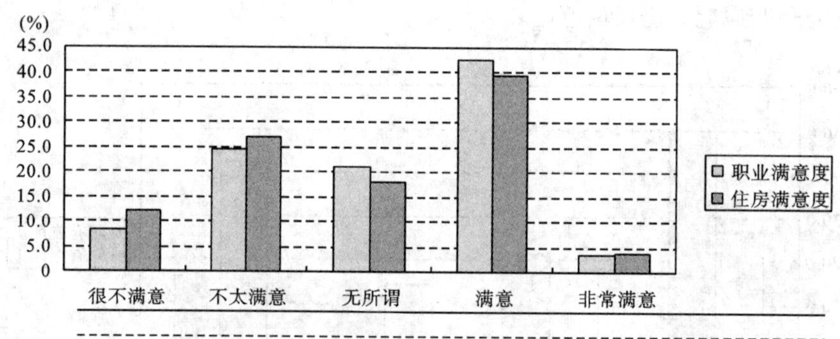

图3-7　重庆农民工职业与住房满意度

3.2.6.3　一些重要的心理特征

户籍一直是最重要的政治标签，代表了城市移民在政治与法律上被城市所承认和接纳。从本次调查来看，在被问到"是否愿意将户口迁移到重庆市，变更为城市户口"时，表示非常不愿意的占26.6%，不愿意的占29.8%，无所谓的占10.1%，愿意的占23.1%，非常愿意的占10.4%。可见，与以往的调查结果不同，本次调查显示一半以上的外来农民工不愿意将户口迁移到重庆，远多于愿意迁移的农民工。这一方面说明农民工对城市的归属感较差，与所在城市的心理距离仍较大；但另一方面我们也应看到，自2007年批准设立全国统筹城乡综合配套改革实验区以来，重庆出台了一系列政策，城镇户口的含金量已经大不如前，反而农村户口的含金量上升。农民工越来越不看重迁入城市的户籍。户籍对农民工城市心理融合的指证作用已经弱化。

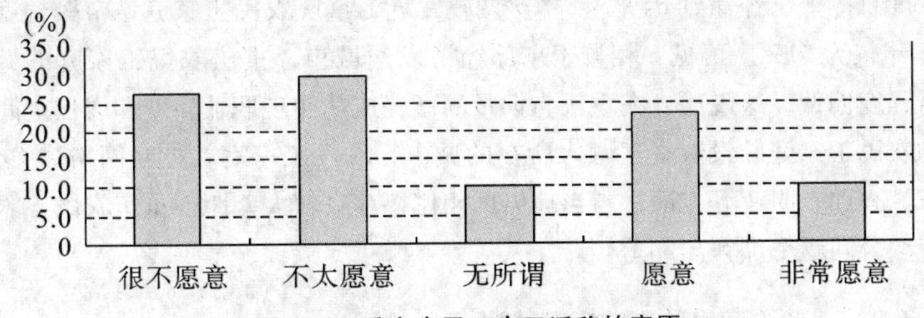

图 3-8　重庆农民工户口迁移的意愿

从对子女与本地人结婚的态度来看，调查数据显示，愿意自己的孩子与重庆市民结婚的占51.1%，其中非常愿意的占12.8%；不愿意自己的孩子与重庆市民结婚的占8.8%，其中非常不愿意的占3.7%。显然，重庆农民工乐于看到自己的下一代通过与城市居民通婚更深入地融入城市。

一方面不愿将户口迁移到城市，另一方面又愿意子女与城市居民通婚，这似乎表现出农民工的一种矛盾心理。其实不然，我们认为农民工不愿将户口迁移到城市，并不代表他们愿意在农村生活，而更多是由于农村资产（尤其是土地资产）增值后，出于对短期经济利益的考虑。长期来看，由于对城市文明和生活的向往，农民工更愿意"扎根"城市、融入城市。

3.3　重庆农民工家庭城市融合的特征

通过在经济、文化、社会网络、职业、心理5个维度上对重庆农民工家庭城市融合的现状分析，我们不难发现，重庆农民工家庭在城市融合上具有以下一些特征：

3.3.1　总体融合程度低

重庆属于我国西部地区，城市化进程总体上落后于东部经济发达城市。依据徐建玲的调查，2005年武汉农民工的市民化进程指数已经达到55.37%。[①] 王桂新研究发现，上海农民工的市民化程度在2006年就已基本达到54%。[②] 在2008年的一项农民工城市融合调查中，何军研究发现江苏农民工的城市融

① 徐建玲. 农民工市民化进程度量：理论探讨与实证分析［J］. 农业经济问题，2008（9）.
② 王桂新. 中国城市农民工市民化研究——以上海为例［J］. 人口与发展，2008（1）.

合程度总体上已经达到64%。[①] 本次调查发现，重庆农民工家庭城市融合度在2013年仅为51%。可见，相较于东部经济发达城市，重庆农民工家庭的城市融合程度偏低。这说明，在重庆，大量的已经成功实现职业转变和居住空间转移的农民工家庭并没有真正融入所在的城市，农民工家庭在社会网络、文化、经济、心理、职业等方面，与当地居民相比还存在较大差距。重庆农民工家庭城市融合问题更加突出和迫切。

3.3.2 政治因素的影响逐渐减弱

长期以来，户籍制度是导致农民工城市融合问题产生的根源已成为学界的一种共识。然而，从本次调查来看，户籍虽然仍构成农民工城市融合的影响变量，但其作用有逐渐淡化的趋势。这从因子分析中仅有的两个户籍变量均被排除在农民工家庭城市融合的基本结构之外就能反映出来。

究其原因，主要是自2007年批准设立全国统筹城乡综合配套改革实验区以来，重庆出台了一系列改革措施，一方面，农民工在就业、住房、医疗、社会保障、子女教育等方面的限制逐步降低，城市户口的含金量大大降低了；另一方面，随着土地流转和地票制度的实施，农村户口的含金量则大大提高了。更为重要的是，这些制度安排为增值的农村户口提供了变现的能力。过去对农民和农民工来说只存在账面上的资产，变成了实实在在的货币资产。农民工普遍有一种心理预期，将来的改革将进一步提高农村户口的含金量。在调查中，我们发现一半以上的外来农民工不愿意将户口迁移到城市。在深度访谈中，一些农民工甚至提到其村中考出的大学生为放弃农村户口而后悔的事情。这显然更加坚定了他们不迁户口的决心。

3.3.3 经济融合是主要制约因素

在农民工城市融合的5个维度中，经济融合程度最低，只有45%；其次是职业融合度，只有48%。从本次调查数据来看，重庆的外来农民工在城市就业主要集中在第二产业和第三产业的私营企业，普遍存在劳动用工不规范、劳动时间长、劳动强度大、报酬低、社会保障不完善等问题。事实上，正是职业融合程度低，进而导致农民工经济融合也相对低下。加之重庆属于我国西部地区，经济发展相对欠发达，城市居民的收入较东部经济发达地区尚有差距，农

---

① 何军. 城乡统筹背景下的劳动力转移与城市融入问题研究——基于江苏省的实证分析[D]. 南京：南京农业大学，2011.

民工家庭经济收入就更低了。从调查数据来看，重庆农民工个体和农民工家庭的平均月收入分别只有 2 511.89 元和 5 262.23 元，78.7%的农民工月收入在 3 000 元以下，65.7%的农民工的家庭月收入在 5 000 元以下。一般来说，经济发展与城市化的早期，农民工与本地居民的经济与福利差距趋于扩大，只有在经济发展到一定水平阶段，这种差距才会在政府的关注和推动下逐渐缩小。①较低的经济发展水平和城市化程度决定了重庆农民工家庭与本地居民家庭的经济鸿沟在短期内难以弥合。

由于经济收入低，无力支付高额的商品房价格，农民工在城市的住房自有率和购房意愿均较低，从而影响农民工“扎根”城市。从本次调查数据来看，暂住在单位工棚、单位宿舍、雇主家或亲友家的农民工家庭占 17%，与人合租或单独租房居住的农民工家庭占 62.3%，购买商品房或自建住房的农民工家庭仅占 18.3%。住房作为中国家庭的主要资产，往往对中国家庭的生活范围、生活方式、生活质量产生重要影响。农民工在城市未拥有自有住房，一方面导致农民工居住和生活质量低下（单位工棚、宿舍和租住房往往十分简陋，疏于维护）；另一方面也导致农民工家庭没有“资产锚”，无法扎根城市，流动性增加。

需要说明的是，除了自有住房率低以外，本次调查还发现重庆农民工家庭的购房意愿也很低。在所有无自有住房的农民工家庭中，只有 22.8%的农民工家庭考虑 5 年内在重庆购买商品房，从没考虑过和短期内没有考虑过购买商品房的家庭占 77.2%。通过深度访谈，我们发现这种现象背后的原因并不是农民工不想拥有自有住房，而是在商品房价格与货币支付能力之间存在巨大反差情况下的一种无奈选择。较低的住房自有率和购房意愿使农民工始终觉得在城市像无根的过客，影响农民工家庭的经济融合。

3.3.4 社会网络与文化融合较好

从已有研究来看，农民工在城市的交往范围往往相对狭窄。本次调查也同样发现了这一问题，35.3%的受访者认为自己在城市的交往范围很狭窄或不广泛，认为很广泛或广泛的只占 23.3%。但是，与东部发达城市不同，由于经济发展水平较低、经济辐射范围较小，重庆吸引的外来农民工以本市和周边省份为主，来自较远省份的农民工数量较少。在本次调查中，来自重庆本地的农民

---

① 刘晓峰，陈钊，陆铭．社会融合与经济增长：城市化和城市发展的内生政策变迁 [J]．世界经济，2010（6）．

工占比为63.1%，来自四川的农民工占比为26.2%，二者合计占比为89.3%。较短的空间距离往往意味着农民工在迁入地有较多的亲戚、同乡，从而导致由血缘、地缘为纽带形成的社会关系网络较发达，大大提高了重庆农民工家庭的社会网络融合程度。这也是我们发现社会网络融合在5个维度中得分最高的原因。但是，我们也应看到，以血缘、地缘为基础建立的社会网络关系相对原始、传统和具有排他性，不利于农民工拓展、提升自己的社会交往范围和质量，进而不利于促进他们完全融入城市。因此，一方面，农民工渴望与城市居民相互了解和交往，从而在社会网络关系上更好地融入城市；另一方面，当他们遇到困难时仍主要向亲戚和老乡求助，而且他们的社区参与度普遍很低。

与社会网络融合相似，由于重庆的农民工普遍迁移距离较短，以本市和周边省份为主，较短的迁移距离决定了外来农民工与重庆市区居民在语言、价值观、生活方式、风俗习惯上比较相近，从而大大降低了外来农民工文化融入的困难。在调查中，这主要表现为农民工对当地方言掌握与使用程度和风俗习惯的接受与遵守程度均较高。但是，由于经济收入和住房条件的限制，留守儿童问题在重庆农民工家庭中较为普遍。调查资料显示，将近一半的被调查者子女没有跟随父母来到城市，而是成为留守儿童在家乡学校就读。这一方面会使农民工失去了一个与所在城市居民进行文化沟通的桥梁，另一方面会使将来跟随父母来到城市的农民工子女也会面对他们父辈今天面对的文化融合障碍。

3.3.5 心理融合似低实高

“自我身份认知”和“户口迁移意愿”一直是考察农民工心理融合的重要指标。在“自我身份认知”指标上，虽然非重庆籍农民工对其“重庆人”身份认同度不理想，但由于重庆农民工的主体仍是重庆籍农民工，因此重庆农民工在整体上对所在城市认同度较高，而且他们对自己在重庆的职业和住房条件比较满意。但是，在“户口迁移意愿”上，重庆农民工并不愿意将户口迁移到城市，从而完全转变为重庆市居民。这似乎表现出重庆农民工在心理融合上呈现一种若即若离的矛盾状态。其实不然，重庆农民工不愿意迁移户口，更多的是出于经济上的考虑，而非对所在城市在心理上不认同。这一点从其对子女与本地人结婚的态度上就能看得出来。由于这一问题涉及子女的态度，因此普通人倾向于选择“无所谓或不知道”。而调查结果是超过一半的重庆农民工选择“愿意”或“非常愿意”，选择“不愿意”或“非常不愿意”的只占8.8%。我们的调查员在调查中也曾对选择“不愿意”或“非常不愿意”的被调查者进行过追问，被调查者往往将原因归咎于“重庆人脾气不好”等个人因素。可见，在心理融合上，重庆农民工似乎表现出一种矛盾心态，其实在他们的内心深处对城市文明和生活方式是向往的，也愿意“扎根”城市、融入城市。

3.4 小结

本次调查数据反映出重庆农民工家庭城市融合由社会网络融合、文化融合、心理融合、经济融合、职业融合 5 个维度构成。政治因素并不是影响重庆农民工家庭城市融合的主要因素，并被排除在重庆农民工家庭城市融合的因子结构之外。

从总体上看，重庆农民工家庭的城市融合度较低，大约只完成了一半的进程。在构成重庆农民工家庭城市融合的 5 个维度上，文化融合度最高，其次是社会网络和心理融合度，而经济和职业融合度最低，这是重庆农民工家庭城市融合的短板，也是制约重庆农民工家庭进一步融入城市的主要制约因素。

4 重庆农民工家庭城市融合的影响因素及其作用机制分析

在现有研究中，学者们主要从现代性、社会化、社会资本等视角对农民工城市融合的众多影响因素进行了大量的实证检验。现代性视角将农民工的城市融合看成其逐步放弃其原有的乡土性，不断获得城市性与现代性的过程。在这种视角下，农民工自身素质是否可以达到现代城市的要求是决定其城市融合程度的主要因素。社会化视角认为农民工进城是个继续社会化的过程。农民工城市融合需要表现为经济层面、社会层面、文化与心理层面的全方位融合。社会网络或社会资本视角认为农民工社会关系网络的规模和质量、拥有社会资本的多少对其城市生活的适应和城市融合程度具有决定性作用。

可见，农民工城市融合是一个涉及政治、经济、文化、心理等多维度的综合概念，其影响因素众多。我们将结合已经发现的重庆农民工家庭城市融合的因子结构，基于调查数据，通过定量研究对重庆农民工家庭城市融合的主要影响因素进行识别，对其影响结果进行量化分析，并在此基础上分析其作用机制。

4.1 影响重庆农民工家庭城市融合的主要因素

4.1.1 总体城市融合度和各融合因子的主要影响因素

在获得重庆农民工家庭总体城市融合度与5个融合因子融合度分值的基础上（见表3-4），为了进一步考察影响农民工家庭城市融合的具体影响因素，我们将年龄、文化程度、家庭人口数、迁出地、居住时间、行业、家庭月收入对数7个变量分别引入总体城市融合度及其各融合因子的线性回归方程，回归结果见表 4-1。其中，文化程度、迁出地、行业 3 个类别变量做了虚拟化处理（Dummy Variable），参照类（Reference Category）分别为“没有上过学”“重庆”“制造加工业”。

表 4-1 重庆农民工家庭城市融合的影响因素（非标准化系数 Beta 值）

	社会网络融合因子	文化融合因子	经济融合因子	心理融合因子	职业融合因子	城市融合度
年龄	-0.460**	0.431**	-0.170	0.442**	-0.031	-0.057
文化程度						
小学	-0.781	4.887	-1.292	-0.572	3.873	1.470
初中	1.511	11.012*	0.786	0.011	-0.316	4.835
高中	6.466	14.263*	5.295	0.502	1.184	11.029*
大专	4.714	4.534	5.192	1.756	0.140	6.793
本科以上	3.975	5.016	11.559	2.727	19.131*	13.300*
家庭人口数	-0.050	1.012	0.107	0.391	1.314	0.792
迁出地						
四川	-5.580*	-8.443**	-0.201	-1.541	5.317*	-5.768*
其他省份	-5.800	-27.609***	-7.680	-4.548	11.524**	-14.168***
居住时间	0.471**	0.298	1.000***	-0.162	0.219	0.704***
行业						
建筑施工业	1.947	-1.326	-13.024*	-7.350	-19.496***	-10.147*
交通运输业	3.978	-0.292	-3.246	-12.799*	-0.177	-3.046
商业服务业	-0.251	-1.467	3.080	-5.009*	-3.290*	-0.692
餐饮服务业	1.494	-2.212	1.840	-9.158*	2.325	-1.878
环卫服务业	4.727	-6.209	-3.868	-5.139*	-10.414*	-4.498
废旧物回收	3.832	11.743	-10.107	5.143	-1.799	4.731
家庭月收入对数	10.152*	-5.003	13.428*	11.040*	-2.236	12.299**
常数项	33.676	54.529*	-6.285	1.962	46.893*	-0.959
F 检验值	2.928***	5.568***	4.291***	1.764*	4.494***	4.194***
R^2	0.169	0.280	0.230	0.122	0.226	0.256
N	493	493	493	493	493	493

双尾检验统计显著度：* $P<0.05$，** $P<0.01$，*** $P<0.001$

从表 4-1 中可以看出，虽然所有自变量对总体城市融合度的解释力只有 25.6%，但达到了显著水平（$R^2=0.256$，$P<0.001$）。模型解释力较低主要是由于一些相对重要的解释变量未纳入回归模型，但这并不影响对已纳入模型因素的解释。① 从具体因子来看，自变量对所有融合因子的解释力均达到了显著水平，其中对文化融合因子的解释力最大（$R^2=0.280$，$P<0.001$），其后是经济融合因子（$R^2=0.230$，$P<0.001$）、职业融合因子（$R^2=0.226$，$P<0.001$）、社会网络融合因子（$R^2=0.169$，$P<0.001$），对心理融合因子的解释力最小（$R^2=0.122$，$P<0.05$）。

从具体变量来看，年龄对城市融合度的回归系数为-0.057（$P>0.05$），说明在其他条件不变的情况下，农民工每增加 1 岁，其家庭的城市融合度将减少 0.057 分。但年龄对农民工城市融合度的作用并没有达到统计学上的显著水平。同样，年龄对社会网络融合、经济融合、职业融合因子的回归系数也都是负值，分别为-0.460（$P<0.01$）、-0.170（$P>0.05$）、-0.031（$P>0.05$），也就是说年龄增长对于农民工家庭在社会网络、经济、职业等方面融入城市是一种不利因素。但是，这其中只有年龄对社会网络融合的影响作用达到了显著水平，年龄对文化融合、心理融合因子的回归系数均为正值，分别为 0.431（$P<0.01$）、0.442（$P<0.01$），说明在控制其他变量不变的情况下，农民工年龄每增加 1 岁，其家庭的文化融合、心理融合分别增加 0.431 分、0.442 分，而且这种影响作用均达到了统计学上的显著水平（见表 4-1）。

从文化程度来看，小学、初中、高中、大专、本科以上文化程度对城市融合度的回归系数分别为 1.470（$P>0.05$）、4.835（$P>0.05$）、11.029（$P<0.05$）、6.793（$P>0.05$）、13.300（$P<0.05$）。这说明在其他条件不变的情况下，具有小学、初中、高中、大专、本科以上文化程度的农民工，其家庭的城市融合比没有上过学的农民工家庭分别高 1.470 分、4.835 分、11.029 分、6.793 分、13.300 分。其中，高中、本科以上文化程度对农民工家庭城市融合度的影响不但达到了显著水平，而且其边际效应也最大，分别为 6.194 分和 6.207 分。从对具体融合因子的影响来看，文化程度的提高会促进社会网络融合、经济融合、心理融合、职业融合程度的提高，但大部分回归系数并不显著，只有本科以上文化程度的农民工家庭在职业融合上显著高于没上过学的农民工家庭（回归系数为 19.131，$P<0.05$）。而在文化融合方面，初中、高中文化程度对文化融合的回归系数最大，分别为 11.012（$P<0.05$）、14.263（$P<$

① 郭志刚. 社会统计分析方法——SPSS 软件应用 [M]. 北京：中国人民大学出版社，2005.

0.05)，而且达到了显著性水平，说明在其他变量不变的情况下，具有初中、高中文化程度的农民工，其家庭的文化融合比没有上过学的农民工家庭分别显著高 11.012 分、14.263 分（见表 4-1）。

家庭人口数对城市融合度的回归系数为 0.792（$P>0.05$），说明在其他条件不变的情况下，每增加 1 人，农民工家庭的城市融合度增加 0.792 分。但家庭人口数对农民工家庭城市融合度的这种影响作用并不显著。从对具体融合因子的影响来看，家庭人口数对社会网络融合、文化融合、经济融合、心理融合、职业融合因子的回归系数分别为-0.050（$P>0.05$）、1.012（$P>0.05$）、0.107（$P>0.05$）、0.391（$P>0.05$）、1.314（$P>0.05$），但其显著性均未到临界值（见表 4-1）。

四川对城市融合度的回归系数为-5.768（$P<0.05$），说明在控制其他变量的情况下，来自四川的农民工家庭的城市融合程度比来自重庆的农民工家庭低 5.768 分，而且这种差异达到了统计学上的显著水平。其他省份对城市融合度的回归系数为-14.168（$P<0.001$），说明在控制其他变量的情况下，来自其他省份的农民工家庭的城市融合程度比来自重庆的农民工家庭低 14.168 分，并且这种差异达到了统计学上的显著水平。从对具体融合因子的影响来看，四川对社会网络融合、文化融合、经济融合、心理融合、职业融合的回归系数分别为-5.580（$P<0.05$）、-8.443（$P<0.01$）、-0.201（$P>0.05$）、-1.541（$P>0.05$）、5.317（$P<0.05$）。这说明在控制其他变量的情况下，来自四川的农民工家庭在社会网络融合、文化融合、经济融合、心理融合、职业融合方面分别比来自重庆的农民工家庭低 5.580 分、8.443 分、0.201 分、1.541 分和高 5.317 分。这其中仅对经济融合和心理融合的影响未达到显著水平。换言之，来自四川的农民工家庭在社会网络融合、文化融合方面显著低于来自重庆的农民工家庭，在职业融合方面则显著高于来自重庆的农民工家庭。其他省份社会网络融合、文化融合、经济融合、心理融合、职业融合的回归系数分别为-5.800（$P>0.05$）、-27.609（$P<0.001$）、-7.680（$P>0.05$）、-4.548（$P>0.05$）、11.524（$P<0.01$）。这说明在控制其他变量的情况下，来自其他省份的农民工家庭在社会网络融合、文化融合、经济融合、心理融合、职业融合方面分别比来自重庆的农民工家庭低 5.800 分、27.609 分、7.680 分、4.548 分和高 11.524 分。这其中对文化融合、职业融合的影响达到了显著水平。换言之，来自其他省份的农民工家庭在文化融合方面显著低于来自重庆的农民工家庭，而在职业融合方面则显著高于来自重庆的农民工家庭（见表 4-1）。

居住时间对城市融合度的回归系数为 0.704（$P<0.001$），说明在控制其他

变量的情况下，居住时间每增加 1 年，农民工家庭的城市融合度增加 0.704 分，并且这种影响达到了显著水平。也就是说，居住时间对农民工家庭城市融合具有显著的积极影响。再看对具体融合因子的影响，居住时间对社会网络融合、文化融合、经济融合、心理融合、职业融合的回归系数分别为 0.471（$P<0.01$）、0.298（$P>0.05$）、1.000（$P<0.001$）、-0.162（$P>0.05$）、0.219（$P>0.05$）。这说明在其他变量不变的情况下，居住时间每增加 1 年，农民工家庭的社会网络融合、文化融合、经济融合、心理融合、职业融合分别增加 0.471 分、0.298 分、1.000 分、-0.162 分、0.219 分，其中居住时间对文化融合、心理融合、职业融合的影响未达到显著水平，但是居住时间对农民工家庭的社会网络融合和经济融合具有显著的积极作用（见表 4-1）。

建筑施工业、交通运输业、商业服务业、餐饮服务业、环卫服务业、废旧物回收业对城市融合度的回归系数分别为-10.147（$P<0.05$）、-3.046（$P>0.05$）、-0.692（$P>0.05$）、-1.878（$P>0.05$）、-4.498（$P>0.05$）、4.731（$P>0.05$）。这说明从事建筑施工、交通运输、商业服务、餐饮服务、环卫服务、废旧物回收行业的农民工，其家庭的城市融合程度比从事制造加工业的农民工家庭低 10.147 分、3.046 分、0.692 分、1.878 分、4.498 分和高 4.731 分，而且建筑施工业对城市融合度具有显著影响（对具体融合因子的影响情况见表 4-1）。

家庭月收入对数对城市融合度的回归系数为 12.299（$P<0.01$），说明在控制其他变量的情况下，家庭月收入对数每增加 1 个单位，农民工家庭的城市融合程度就增加 12.299 分，而且这种影响达到了显著水平。换言之，家庭收入对农民工家庭的城市融合具有显著影响。从对具体融合因子的影响来看，家庭月收入对数对社会网络融合、文化融合、经济融合、心理融合、职业融合的回归系数分别为 10.152（$P<0.05$）、-5.003（$P>0.05$）、13.428（$P<0.05$）、11.040（$P<0.05$）、-2.236（$P>0.05$）。这说明在其他变量不变的情况下，家庭月收入对数每增加 1 个单位，农民工家庭的社会网络融合、经济融合、心理融合分别增加 10.152 分、13.428 分、11.040 分，而文化融合、职业融合则分别减少 5.003 分、2.236 分。其中，家庭月收入对数对社会网络融合、经济融合的影响达到了显著水平，即家庭收入对农民工家庭的社会网络融合和经济融合具有显著影响（见表 4-1）。

基于统计结果，我们可以把年龄、文化程度等 7 个影响因素分为 3 类：

第一类为迁出地、居住时间、家庭月收入。这 3 个变量对重庆农民工家庭的总体城市融合度的影响就能达到统计上的显著程度。也就是说，迁出地、居住时间、家庭月收入对重庆农民工家庭城市融合的影响是确实存在的，并已经获得了统计上的证明。

第二类为年龄、文化程度。年龄虽然对总体城市融合度的影响未达到统计上的显著性，但它对社会网络因子、文化因子、心理因子的影响是显著的。也就是说，年龄对构成总体城市融合度的5个因子中的3个因子构成显著影响。因此，我们判断，年龄对重庆农民工家庭城市融合的影响也是确实存在的。与年龄因素类似，文化程度5个虚拟变量类别与参照类（没有上过学）的比较中，有两对存在显著差异（高中、本科以上）。初中、大专两类与参照类的差异虽然没有达到统计上的显著性，但其P值也较小，分别为0.283和0.295。因此，我们判断文化程度对重庆农民工家庭城市融合的影响也是确实存在的。

第三类为家庭人口数、行业。无论是对总体融合度的影响，还是对5个融合因子的影响，家庭人口数均未达到显著性。在各种行业中，只有建筑施工业与参照类（制造加工业）存在显著差异，其他行业均不具有统计上的显著性。因此，我们判断家庭人口数、行业对重庆农民工家庭城市融合不构成影响。

4.1.2　重庆农民工身份认同的主要影响因素

农民工身份认同是各种城市融合因素在农民工心理上的综合反映，往往对农民工总体融合状况具有前期指征作用。农民工身份认同一直是考察农民工心理融合的重要因素，也是考察农民工城市融合的重要因素。因此，有必要对重庆农民工身份认同的主要影响因素进行深入探讨。

4.1.2.1　变量定义与模型设定

本研究的被解释变量是外来农民工的身份认同。农民工身份认同是指农民工对农民这一强制性身份的认同程度。[①] 本研究通过对“虽然您的户口还在农村，但您已经在城市生活了，您认为您还是不是农民”这一问题的回答来衡量农民工自我身份认知的程度，选择“是”赋值为“0”，意味着农民工从心理上没有融入城市，仍认同农民身份；选择“否”赋值为1，意味着农民工已从心理上融入城市，摒弃了农民身份；选择“说不清楚”意味着身份认知模糊，在研究中这部分被调查者被筛选掉，没有包括在有效样本中。

影响外来农民工自我身份认同的因素众多，本研究主要选取选择了与农民工自我身份认同相关的14个指标作为自变量。其中，“家庭人口数”“家庭月

---

① 彭远春. 论农民工身份认同及其影响因素——对武汉市杨园社区餐饮服务员的调查分析[J]. 人口研究，2007（2）.

收入”“住房性质”“配偶是否在本地”“本地亲戚数量”“在社区受欢迎程度”6个指标是出于从家庭这一视角研究的需要而设置的家庭因素指标；“性别”“年龄”“文化程度”“迁出地”“居留时间”“周工作小时数”“工作单位性质”“个人月收入”8个指标是出于与家庭因素指标对照而设置的个人因素指标。出于研究的需要，我们对“文化程度”“迁出地”“工作单位性质”“住房性质”“在社区受欢迎程度”5个类别或次序变量做了虚拟化处理（Dummy Variable），参照类（Reference Category）分别为“没有上过学”“重庆”“私企打工没有签订劳动合同”“单位工棚、宿舍”“不受欢迎”。

由于因变量农民工“自我身份认同”是一个二分变量，不满足一般线性多元回归分析对因变量具有间距测度等级的连续变量的要求①，再加之自变量中包含着诸多类别和次序变量，因此本研究采用 Logistic 方法进行回归分析。设 p 为认为自己已经不是农民的农民工比例，则 $1-p$ 为认为自己仍是农民的农民工比例。对 p 作 logit 变换，记为 $\mathrm{logit}p$，以 $\mathrm{logit}p$ 为因变量建立回归方程：

$$\mathrm{logit}p = b_0 + b_1 sex + b_2 age + b_3 edu + b_4 are + b_5 tim + b_6 hou + b_7 wor + b_8 sal + b_9 pop + b_{10} inc + b_{11} lod + b_{12} spo + b_{13} num + b_{14} nei + \mu$$

其中，b_0 为截距项，b_1，b_2，…，b_{14} 为回归系数，sex 等为自变量，μ 为残差项，具体变量设置如表 4-2 所示。

表 4-2　　　　变量定义

变量含义	变量说明
因变量	
自我身份认同（*ide*）	虚拟变量：认同农民身份=0，不认同农民身份=1
自变量	
个人因素	
性别（*sex*）	虚拟变量：男=0，女=1
年龄（*age*）	直接取自问卷
文化程度（*edu*）	虚拟变量：文盲=0，小学=1，初中=2，高中=3，大专=4，本科以上=5
迁出地（*are*）	虚拟变量：重庆=0，四川=1，云南和贵州=2，其他省份=3

① 郭志刚. 社会统计分析方法——SPSS 软件应用［M］. 北京：中国人民大学出版社，2005.

表4-2（续）

变 量 含 义	变 量 说 明
居留时间（*tim*）	直接取自问卷
周工作小时数（*hou*）	直接取自问卷
工作单位性质（*wor*）	虚拟变量：私企打工没有签订劳动合同=0，私营企业打工并签订了劳动合同=1，自己做生意=2，国营企业或事业单位=3
个人月收入（*sal*）	直接取自问卷
家庭因素	
家庭人口数（*pop*）	直接取自问卷
家庭月收入（*inc*）	直接取自问卷
住房性质（*lod*）	虚拟变量：单位工棚、宿舍=0，与人合租=1，单独租住=3，购买商品房=4
配偶是否在本地（*spo*）	虚拟变量：否=0，是=1
本地亲戚数量（*num*）	直接取自问卷
在社区受欢迎程度（*nei*）	虚拟变量：不受欢迎=0，说不清楚或不知道=1，受欢迎=2

4.1.2.2　实证分析

4.1.2.2.1　重庆农民工身份认同现状

一般说来，农民工的社会身份具有二重性，或者说这一群体具有过渡性或边缘性。① 然而，每个农民工个体由于自身素质、人生经历的不同，对自己社会身份的认知则不同。从本次调查来看，56.6%的农民工认为自己已经不再是农民了，43.4%的农民工认为自己仍是农民。由此可见，超过一半的农民工从心理上已经不再将自己看成农民，多于仍认为自己是农民的人数。但从整体上看，农民工群体对自己身份的认知仍处于两极分化的状态，持两种态度的人大致各占一半。这也反映出农民工群体中存在的身份认同困境。

4.1.2.2.2　影响农民工身份认同的因素分析

经 SPSS 17.0 运算，我们采用 Enter 法对影响农民工身份认同的个人与家庭因素分别和合并进行 Logistic 回归，具体结果如表 4-3 所示。

① 王春光. 新生代农村流动人口的社会认同与城乡融合的关系 [J]. 社会学研究，2001 (3).

表 4-3　　　　农民工身份认同的 logit 回归模型（$N=410$）

自 变 量	模型 1	模型 2	模型 3
1. 个人因素			
性别（*sex*）（参照组=男）	−0. 090		−0. 632*
年龄（*age*）	0. 011		0. 007
文化程度（*edu*）（参照组=文盲）			
小学	0. 301		0. 012
初中	0. 448		0. 244
高中	0. 990*		0. 711*
大专	0. 560		0. 037
本科以上	1. 139*		1. 199*
迁出地（*are*）（参照组=重庆）			
四川	−2. 159***		−2. 303***
云南与贵州	−2. 560**		−2. 743**
其他省份	−3. 428**		−3. 441**
居留时间（*tim*）	0. 041**		0. 027*
周工作小时数（*hou*）	−0. 012*		−0. 005
工作单位性质（*wor*）（参照组=私企打工没有签订劳动合同）			
私营企业打工并签订了劳动合同	0. 725**		1. 015**
自己做生意	0. 617*		0. 869**
国营企业或事业单位	0. 960***		1. 530**
个人月收入（*sal*）	0. 000 3***		0. 000 07*
2. 家庭因素			
家庭人口数（*pop*）		−0. 066	−0. 087
家庭月收入（*inc*）		0. 000 6*	0. 000 5*
住房性质（*lod*）（参照组=单位工棚、宿舍）			
与人合租		−1. 223**	−1. 734**
单独租住		0. 082	0. 684*

表4-3(续)

自 变 量	模型 1	模型 2	模型 3
购买商品房或自建		0.500*	0.866*
配偶是否在本地（*spo*）（参照组=否）		0.107	−0.048
本地亲戚数量（*num*）		0.061***	0.045***
在社区受欢迎程度（*nei*）（参照组=不受欢迎）			
说不清楚或不知道		−0.156	0.313
受欢迎		0.644	1.186
常数项	1.134	−0.345	0.367
−2*LL*	368.418	442.210	318.206
Cox & Snell R^2	0.282	0.148	0.361

注：双尾检验统计显著度 * $P<0.1$，** $P<0.05$，*** $P<0.01$

回归分析结果显示：性别在所有模型中的回归系数均小于0，说明女性更不容易改变自己的身份认同，但性别在模型1中对因变量的影响并不显著；年龄对农民工身份认同的影响不显著；随着文化程度的提高，各个文化程度的回归系数逐渐增加，说明文化程度的提高有利于改变农民工的身份认同，但只有两个组的回归系数在模型中是显著的；在所有模型中，迁出地对农民工身份认同都有显著影响，并且回归系数随着地理空间距离和文化差异的增加而增大；在所有模型中，居留时间对农民工身份认同都有显著影响，并且回归系数大于0，说明农民工在城市居留时间越久，越倾向于不认同自己的农民身份；周工作小时数在所有模型中的回归系数均小于0，说明每周工作时间越长，农民工越倾向于认同自己的农民身份，但在模型3中该变量对因变量的影响不显著；工作单位性质在所有模型中均对农民工的身份认同具有显著影响，并且在所有模型中，各研究组的回归系数不但均大于0，而且有增加的趋势，说明工作单位越正规、保障性越强，农民工越倾向于不认同自己的农民身份；个人月收入在所有模型中均对农民工的身份认同具有显著影响，而且这种影响是正向的，即个人收入越高，农民工越倾向于摒弃自己的农民身份，认同自己的城市身份；家庭人口数对农民工身份认同的影响不显著；家庭月收入对农民工的身份认同具有显著影响，并且在所有模型中，家庭月收入的回归系数均大于0，说明家庭收入的增加有利于促进农民工摒弃自己的农民身份；住房性质在所有模型中，各研究组的回归系数有增加的趋势，说明住房条件的改善有利于农民工摒弃自己的农民身份，认同自己的城市身份；配偶是否在本地对农民工身份认同的影响不显著；本地亲戚数量对农民工的身份认同具有显著影响，并且在所有模型中，本地亲戚数量的回归系数均大于0，说明农民工家庭在本地亲戚越多，越有利于农民工融入城市，摒弃自己的农民身份；在社区受欢迎程度对农民工身份认同的影响不显著。

4.1.2.2.3 回归结果分析

通过对回归结果的解读，我们可以得到以下结论：

首先，与性别、文化程度、迁出地、居留时间、周工作小时数、工作单位性质、个人月收入等个人因素一样，住房性质、家庭月收入、本地亲戚数量等家庭因素也是研究农民工身份认同的重要因素，同样会对农民工身份认同造成不可忽视的影响。

其次，从个人因素看，性别对农民工城市认同具有显著的负向影响，即女性相对于男性更倾向于认同自己的农民身份。经过深入分析，我们发现这种现象背后仍主要是经济因素在起作用。农民工在城市主要从事体力劳动型工作，男性农民工相对于女性农民工而言具有更强的就业能力、城市适应能力和更高的工资。在深度访谈中，我们发现，很多女性农民工是跟随自己的丈夫进入城市的，主要从事一些非正式的、附属性的工作，甚至没有工作。无论是从收入来看，还是从社会接触面、城市适应能力来看，女性农民工均不如男性农民工。这必然会影响到她们对其身份的认同。

从文化程度来看，教育对农民工身份认同具有较为明显的积极作用。受教育程度越高，农民工在城市找到一份薪资令人满意，同时又比较稳定的工作的可能性越高，更有利于他们融入城市。这反映在农民工对身份认同的态度上，文化程度越高，农民工越容易摒弃其农民身份。

迁出地对农民工身份认同具有显著的影响作用。总体上来说，来自重庆的农民工比来自四川的农民工更容易改变自己的身份认同；来自四川的农民工比来自云南、贵州的农民工更容易改变自己的身份认同；来自云南、贵州的农民工比来自其他省份的农民工更容易改变自己的身份认同。这主要是由于随着迁移距离的增加，迁入地与迁出地之间在语言、风俗习惯、亲朋数量等方面的差距越来越大，从而使农民工在心理上融入城市的难度越来越大。

居留时间对农民工身份认同具有显著的积极作用。一般来说，在城市居留时间越久，农民工在城市建立的新的社会网络关系越稳固，对农村传统、乡土习性、土地依赖的认同就越淡薄，在心理上对城市的归属感就越强。反之，外出务工时间较短的农民工，更多的是将外出务工视为增加家庭收入的手段，而非改变生活方式的途径，从而更不容易摆脱土地束缚以及摒弃农民身份。

周工作小时数对农民工身份认同具有一定的影响作用。农民工工作时间越长，越不利于他们改变农民身份认同。一般来说，工作单位越不正规，违反劳动法律法规的现象越常见，农民工的劳动收入和保障则越差，从而导致农民工对城市的归属感不强，进而影响到他们对自身身份的认同。这与工作单位性质和收入两个变量所反映出来的统计结果是一致的。

工作单位性质对农民工身份认同具有显著的影响。该自变量的取值可以看成次序变量，从“私企打工没有签订劳动合同”到“国营企业或事业单位”，农民工的工作单位越来越正规，对农民工生活的保障力度越来越强。从回归结果来看，各虚拟变量研究组的回归系数也越来越大。这说明有保障的工作会带给农民工融入城市生活的经济能力和信心，从而改变其自身身份认同。

最后，从家庭因素看，家庭月收入与个人月收入一样对农民工身份认同具有显著的积极作用。农民工能在城市扎下根，在心理上融入城市，关键是在家庭生活上全面融入城市。因此，家庭收入是比个人收入更重要的影响因素，我们从家庭收入的回归系数大于个人收入的回归系数上也可以看出这一点。

住房性质对农民工身份认同具有显著的影响。住房不仅仅是遮风避雨的物质空间，它还决定了人们的生活环境和社会交往空间，为人们获得各种城市资源、积累人力资本、融入城市主流社会提供机会。因此，如果说工作会带给农民工个人以经济保障和信心，住房则会给整个农民工家庭带来扎根城市的信心。在城市拥有一套自己的住房，会大大促进农民工对城市的认同度。

本地亲戚数量对农民工身份认同具有显著的积极作用。我们分析这主要是由于农民工在城市拓展社会关系和交际网络仍主要依靠血缘和亲缘关系。在城市的亲戚数量多，就意味着农民工构建新的社会关系网络相对更容易，农民工在城市能够获得更多来自家族和同乡的支持和帮助。这种来自亲友的帮助与关怀一方面有利于农民工扎根城市，另一方面也会带给他们心灵的慰藉和温暖，从而增进其对城市的心理认同感。有意思的是，家庭规模似乎并不能起到这种作用。这可能是由于家庭规模大并不会为农民工带来更多的社会接触面和有用的帮助，反而意味着家庭抚养人口多、经济压力大，从而增加农民工融入城市的难度。

4.1.3 公租房居住对重庆农民工城市融合的影响

住房不仅仅是遮风避雨的物质空间，它还决定了城市居民的生活环境和社会交往空间，为社会民众获得各种城市资源、积累人力资本、融入城市主流社会提供机会。作为维持生存的基本条件，基本住房需求在城市无法得到满足是导致农民工在社会和心理层面无法真正融入城市、存在过客心态的一个重要原因。因此，对于农民工城市融入问题的研究，居住状况一直是我国学界关注的一个重要方面。

2010 年 6 月 13 日，中央七部委联合制定了《关于加快发展公共租赁住房的指导意见》，首次将外来务工人员纳入了城市保障性住房的适用对象中。也是从这一年开始，重庆开始大规模投资建设公租房，并将外地农民工纳入公租房保障范围。截至 2013 年，重庆共开工公租房总建筑面积约 3 338 万平方米、53. 8 万套，竣工总建筑面积约 1 315 万平方米、32. 8 万套。[①] 随着大量公租房建成并配租完成，公租房已成为降低农民工获得城市住房的制度性门槛、改善居住条件的重要途径。公租房的制度设计主要是为了解决包括外来农民工在内的城市低收入群体的居住问题，并没有考虑农民工城市融合问题。然而，由于公租房在产权性质、房屋质量、所付租金、居住环境等方面与现有各类住房均有显著差异，从而必然会带来农民工家庭城市融入态势的变化。因此，经过 6 年的实施，现在有必要对重庆农民工城市融合方面的影响进行深入研究和评估。

4. 1. 3. 1 实证分析

在新获得社会网络融合、文化融合、经济融合、心理融合、职业融合、城市融合度 6 个新变量的基础上，我们运用独立样本 t 检验对不同居住方式的重庆农民工家庭的融合状况进行对比研究，具体结果如表 4-4 所示。

表 4-4 不同居住方式的农民工家庭城市融合状况

变量	公租房		非公租房		T 值	显著性
	Mean	S. D	Mean	S. D		
社会网络融合因子	55. 648	19. 066	59. 869	20. 910	−2. 027	0. 043
文化融合因子	63. 140	18. 462	63. 394	22. 285	−0. 101	0. 920
经济融合因子	46. 318	13. 974	43. 733	23. 995	1. 016	0. 310
心理融合因子	52. 470	16. 740	56. 964	17. 779	−2. 452	0. 015
职业融合因子	45. 897	18. 029	48. 415	20. 858	−1. 239	0. 216
城市融合度	50. 171	16. 291	52. 192	18. 872	−1. 053	0. 292

① 资料来源：重庆公租房信息网（2014 年）。

从表 4-4 中可以发现，6 个新变量的方差均是非公租房居住的比公租房居住的大，这在一定程度上印证了我们的想法，即居住方式会影响农民工家庭的城市融合。由于非公租房居住的农民工家庭居住方式千差万别（包括单位工棚、单位宿舍、雇主家、在外与人合租、在外单独租住、亲友家借住、自购商品房等多种情况），从而导致其融合状况差别较大。

无论是何种居住状态，重庆农民工家庭的城市融合度得分刚刚过半，即城市融合总体水平均不高，其中非公租房居住的农民工家庭城市融合度（Mean = 52.192，S.D = 18.872）要高于公租房居住的农民工家庭（Mean = 50.171，S.D = 16.291），但是这种差异并没有达到统计上的显著水平。具体到 5 个融合维度上，除了经济融合，公租房居住的农民工家庭均低于非公租房居住的农民工家庭，其中在社会网络融合与心理融合上达到了统计上的显著水平。

4.1.3.2 结果分析

通过前面的统计分析，我们可以初步得出以下结论：

4.1.3.2.1 公租房居住对农民工家庭融入城市具有负面影响

从总体上看，公租房居住的农民工家庭的城市融合度得分（Mean = 50.171，S.D = 16.291）要低于非公租房居住的农民工家庭（Mean = 52.192，S.D = 18.872）。也就是说，居住在公租房不利于农民工家庭融入所在城市。虽然在统计上，这种差异并没有达到显著水平，但我们认为人们仍有必要对这一结果保持警惕。毕竟在构成城市融合度的 5 个维度中，除了经济融合，在其他 4 个维度上，公租房居住的农民工家庭均低于非公租房居住的农民工家庭。在社会网络融合与心理融合维度上，农民工家庭的城市融合差异达到了统计上的显著性水平（见表 4-4）。如果扩大调查范围和增加样本量，有可能会发现二者的必然联系。

4.1.3.2.2 公租房居住不利于农民工家庭的社会网络融合

从具体的 5 个维度来看，公租房居住的农民工家庭的社会网络融合得分（Mean = 55.648，S.D = 19.066）低于非公租房居住的农民工家庭（Mean = 59.869，S.D = 20.910）。也就是说，居住在公租房不利于农民工家庭在新环境中重新构筑社会关系网络。这种差异达到了统计上的显著水平。在实地调查中，有相当数量的被调查者反映公租房小区内居住的人来自天南地北、风俗习惯迥异、邻里关系比较复杂、社区融合不理想。而非公租房居住不但有利于农民工家庭在城市维系其亲缘关系（表现为投亲靠友、与亲戚就近居住），从而将过去的一部分社会关系带到了城市，而且在居住地周边就近就业又会使其获得业缘纽带，从而比较容易在城市发展社会关系网络。

4.1.3.2.3 公租房居住对农民工家庭文化融合影响较小

一般来说，由于农民工家庭在公租房小区中集中居住且相对封闭，农民工家庭与城市居民家庭的空间距离较远，其文化交流与沟通可能比较少，文化融合可能比较难。然而，与我们最初的设想不同，实际调查数据并不支持这一点，不同居住形式的农民工家庭在文化融合上并没有什么差异（见表4-4）。究其原因，我们认为可能是重庆经济发展水平相对较低，经济辐射范围较小，重庆吸引的外来农民工以来自本市和周边省份为主，来自较远省份的农民工数量较少。在本次调查中，来自重庆本地的农民工占比为63.1%，来自四川的农民工占比为26.2%，二者合计占比为89.3%。较短的空间距离决定了外来农民工与重庆居民在语言、价值观、生活方式、风俗习惯上比较相近，从而大大降低了外来农民工文化融入的难度。

4.1.3.2.4 公租房居住有利于农民工家庭经济融合

经济融合是5个维度中唯一的公租房居住得分（Mean = 46.318，S.D = 13.974）高于非公租房居住得分（Mean = 43.733，S.D = 23.995）的变量。虽然这种差异也没有达到统计上的显著水平，但结合实地调查中反映的信息，我们仍认为公租房对农民工家庭在经济上融入城市具有较大的帮助作用。在重庆，公租房的租金标准是11元/平方米·月，还不到市场价格的一半。一个面积为60平方米的两室一厅住房的市场租金在1 500元/月左右，而同样面积的公租房的租金不到700元/月。在实地调查中，91%的居住在公租房的被调查者均对租金表示了不同程度的满意。较低的住房消费支出必然会极大改善农民工家庭的经济条件，从而帮助其在经济上融入城市。随着城市住房租金的上涨，这一效应会更加突出。

4.1.3.2.5 公租房居住不利于农民工家庭心理融合

公租房居住的农民工家庭的心理融合得分（Mean = 52.470，S.D = 16.740）低于非公租房居住的农民工家庭的心理融合部分（Mean = 56.964，S.D = 17.779）。这种差异达到了统计上的显著水平。在构成心理融合因子的4个变量中，除了住房满意程度，公租房居住的农民工家庭在其他3项（家庭身份认同度、职业满意程度和社区受欢迎程度）上均不同程度低于非公租房居住的农民工家庭。导致这一现象的原因是多方面的，但需要提出并引起注意的是，公租房居民广泛存在的“受害者心理”可能是不容忽视的重要原因。在对公租房居民的深度访谈中我们发现，由于公租房的公有性质，相当一部分被调查者在谈到小区缺少菜市场、健身设施损毁严重等问题时，将问题的出现与没有及时解决归结于政府不重视，并将政府不重视的原因归结为公租房是“贫民区”，公租房居民是“外来人”。这种“受害者心理”会随着居住问题的出现而不断放大。长此以往，即便有些问题是所有居民小区普遍存在的共性问题，也会被公租房居民解读为被歧视和被区别对待了。这必然会大大降低被调查者对所在城市的认同度，从而影响到其心理融合。

4.1.3.2.6　公租房居住对农民工家庭职业融合的影响不显著，但仍有待进一步证实

在职业融合上，公租房居住的农民工家庭的得分(Mean = 45.897，S.D = 18.029）低于非公租房居住的农民工家庭的得分(Mean = 48.415，S.D = 20.858)，但这种差异并没有达到统计上的显著水平。由于公租房申请要求申请人有稳定的工作和收入，因此这一调查结果还是出乎我们意外的。我们分析其原因，一方面是由于公租房调查点的调查时间是工作日的工作时间，调查方法是街头拦截，因此会增加一定无工作者在样本中的比重；另一方面，公租房小区往往距离市区较远，就业机会相对较少，从而降低了配偶职业稳定度。因此，公租房居住对农民工家庭职业融合的影响仍有待进一步证实。

综上所述，公租房居住对农民工家庭城市融合的影响是确实存在的。从总体上看，其影响是负面的。从农民工家庭城市融合的5个维度上而言，公租房居住主要是不利于农民工家庭在社会网络和心理上融入城市。而在经济层面，公租房居住对农民工城市融合有促进作用。因此，这应该引起重庆公租房管理部门的充分重视，并采取积极措施消除公租房居住在农民工城市融合上的负面影响。

4.2　各影响因素对重庆农民工家庭城市融合的作用机制

前面我们虽然对重庆农民工家庭城市融合的影响因素进行了定量分析，但其作用机制我们并不清楚，以下我们将结合调查数据，对这些因素如何对重庆农民工家庭城市融合施加影响进行理论阐释。

4.2.1　农民工个体因素

4.2.1.1　年龄

年龄对重庆农民工家庭的总体融合度是一种不利因素，这种影响在社会网络融合、文化融合、心理融合上具有统计上的显著性（见表4-1)。其中，年龄增长对于农民工家庭的社会网络融合是一种不利因素，而对于文化融合和心

理融合则是一种有利因素。之所以出现这种情况，我们分析主要是由于随着年龄的增长，农民工的学业、职业、家庭都已经比较稳定，因此无论是从业缘，还是从亲缘上拓展社会关系网络都比较有限。我们在调查中发现，年龄变量与构成社会网络因子的5个因素中的4个——人际交往范围（$r=-0.201$，$P<0.001$）、在本地的朋友数量（$r=-0.279$，$P<0.001$）、本地人朋友比例（$r=-0.181$，$P<0.001$）、向本地人朋友求助意愿（$r=-0.212$，$P<0.001$）——存在显著负相关关系，就恰恰证明了这一点。

年龄对文化融合的影响主要是不同迁出地农民工年龄结构存在显著差异造成的。调查发现，来自重庆、四川、其他省份的农民工平均年龄分别为41.7岁、42.6岁、37.1岁。由于来自重庆和四川的农民工对重庆方言、风俗习惯认同度高，较为容易融入所在城市，其年龄差异就反应在对文化融合的影响上了。因此，我们至少可以得出这样一个结论：年龄对农民工家庭文化融合的影响并没有统计数据表现得那么大。

至于说年龄对心理融合的影响，主要是年龄与住房满意程度存在显著正相关（$r=0.110$，$P<0.05$）。一般来说，年龄较大的农民工的家庭规模已趋于稳定，而且有一部分农民工在房价未大幅上涨之前已经购买了商品房，因此对住房满意度较高。而年轻的农民工不但要考虑生养孩子，而且请人照顾孩子、接父母来城里团聚等也对住房提出了较高要求。更重要的是，他们要承担高房价的压力。因此，他们对住房满意度往往较低，进而拉低了他们心理融合程度。

年龄对重庆农民工家庭经济融合与职业融合的影响虽然没有达到统计上的显著程度（见表4-1），但我们通过分析其回归系数的符号，仍能从中读出一些信息——年龄对重庆农民工家庭经济融合与职业融合是一种负面影响。调查中我们发现，在制造加工业、建筑施工业、交通运输业、商业服务业等相对收入较高的行业，农民工年龄相对较轻。而在农林牧副渔、餐饮服务业、环境卫生劳务、废旧物资回收等相对收入较低的行业，农民工年龄相对较高。这在一定程度上反映出了绝大多数农民工在城市非正规部门就业和缺少社会保障的社会现实。相当一部分农民工只能依靠自己的体能作为在城市的谋生技能，随着年龄的增长，他们将无法胜任这些工作，进而退到收入更低的行业就业，甚至被迫返回农村。

综上可见，年龄的增长不利于农民工家庭融入城市。其主要作用机制为由于年龄的增长，农民工社会关系网络拓展空间受限，就业能力降低，进而导致其社会网络、经济、职业融合度降低。

4.2.1.2 文化程度

从文化程度来看，教育对农民工家庭融入城市具有明显的积极作用。这种积极作用主要是作用于经济融合与职业融合方面。通过回归分析，我们发现，只有经济融合与职业融合的各学历的回归系数随着学历的增长单调增长。这与我们的日常生活经验是相符的。教育程度越高，农民工在城市找到一份薪资令人满意，同时又比较稳定的工作的可能性越高，进而家庭经济收入就越高。

社会网络融合与文化融合的各学历回归系数则呈现中等学历融合程度更高的现象。我们认为，这主要是由于在样本中来自重庆、四川的农民工以高中以下学历为主，大专以上学历的只占10.9%；而来自其他省份的农民工中具有大专以上学历的占35.6%。由于其他省份的农民工在语言、风俗习惯上较难融入重庆，从而影响到了大专以上农民工文化融合的数据。因此，文化程度对农民工家庭社会网络融合与文化融合的作用仍有待进一步证实。

文化程度对重庆农民工家庭的心理融合的影响最小，这一点可以从各学历的心理融合回归系数变化并不明显看出。我们认为，这主要是由于构成农民工家庭心理融合的4个变量中，职业满意程度和住房满意程度均呈现随学历水平增长而下降的趋势（没有达到统计上的显著性）。但需要注意的是，通过对农民工身份认同的单独分析，我们发现受教育程度对农民工身份认同具有较为明显的积极作用。教育程度越高，农民工在城市找到一份薪资令人满意，同时又比较稳定的工作的可能性越高，越有利于他们融入城市。这反映在农民工对身份认同的态度上，即文化程度越高，农民工越容易摒弃其农民身份。

综上所述，教育是农民工家庭城市融合的一个积极因素。但与我们过去的研究不同，教育对于促进农民工家庭在社会网络融合、文化融合、心理融合的作用并不明显，其主要是有利于外来农民工进行职业提升，进而提高家庭经济收入，在经济和职业方面弥合与城市居民间存在的鸿沟。

4.2.1.3 迁出地

通过本次调查，我们可以十分确定，迁出地对农民工家庭的城市融合度具有显著的影响作用。更准确地说，应该是迁移距离越小，城市融合的阻力就越小；迁移距离越大，城市融合的阻力就越大。调查数据充分说明了这一点，来自四川的农民工家庭比来自重庆的农民工家庭的城市融合度低；而来自其他省份的农民工家庭比来自四川的农民工家庭的城市融合度低。

通过对迁出地5个维度因素的影响分析，我们发现，迁出地因素对所有的5个维度因素都构成影响。除了职业融合外，迁出地对其他4个维度因素影响的作用方向都是一致的，即迁出地距离重庆越远，各方面的城市融合度越在下降。迁出地对经济融合与职业融合的影响在所有类别的回归系数上均达到了统计上的显著性，对社会网络融合则有一个类别的回归系数也达到了统计上的显著性（见表4-1）。

我们认为，迁出地因素对农民工家庭城市融合的影响主要是由于随着迁移距离的增加，迁入地与迁出地之间在语言、风俗习惯、亲朋数量等方面的差距越来越大，从而对农民工家庭在社会关系网络融合和文化融合上造成越来越高的难度。重庆过去曾隶属于四川，两地无论是在空间距离，还是在人们的语言、风俗习惯等方面都比较相近。相对于来自其他省份的农民工家庭而言，来自四川的农民工家庭文化融合的障碍相对较小。而来自重庆其他区县的农民工家庭则比来自四川的农民工家庭的文化融合障碍更小。此外，由于空间距离短，迁移成本相对较低，来自四川的农民工家庭普遍比来自外省的农民工家庭在重庆的亲戚多，这大大降低了他们社会关系网络的拓展难度。同样，来自重庆其他区县的农民工家庭则比来自四川的农民工家庭更能够获得社会网络的支持。

由于农民工家庭普遍依靠由亲缘和地缘关系构筑的社会网络获得经济上的支持，调查中我们发现，很多农民工在亲戚或同乡的公司中工作，形成了家族化、地域化经济网络。因此，迁移距离的增加在导致社会关系网络不易构筑的同时，也使很多外地农民工失去了很多经济和职业上的支持，从而降低了农民工家庭的经济融合程度。来自亲戚和同乡的联系与沟通有利于农民工克服思乡之情，从而促进农民工在心理上融入城市。

随着迁移距离的增加，人们的迁移风险和成本也随之增加。为了降低这种风险，进行长距离迁移的农民工会更倾向于寻求稳定和更多收益的职业。只有那些具有一定专业技能或学历较高的农民工才有可能达到这一目标。这也是为什么远距离的迁移者往往具有更加体面和更好收入的职业的原因，即迁移距离越远越有利于农民工的职业融合（达到了统计上的显著性）。有意思的是，这种对经济和职业安全性的追求还表现在家庭上。通过调查我们还发现，迁移距离和配偶的职业稳定程度是显著正相关的（$r=0.119$，$P<0.05$）。可见，除了自己之外，来自其他省份的农民工家庭更倾向于配偶寻找稳定性高的工作，或者在本地组建家庭过程中寻找具有稳定性工作的配偶。

从总体上看，迁出地（迁移距离）对农民工家庭城市融合的影响是消极的。其作用主要通过社会网络融合因子、文化融合因子和职业融合因子发生作用，但迁出地对农民工家庭职业融合因子的作用方向与对社会网络融合因子、文化融合因子的作用方向相反，即具有积极影响。这主要是由于迁移距离对农民工进行筛选的结果。

4.2.1.4　居住时间

居住时间对农民工家庭城市融合的影响主要通过社会关系网络和经济来施

加（达到了统计上的显著性）。这种影响主要是正面的，即居住时间增加有利于农民工家庭融入城市。毋庸置疑，随着居住时间的增加，农民工家庭与迁入地社会交往不断加深，社会关系网络从单一的亲缘关系开始向业缘关系拓展，从而促进了农民工家庭社会网络融合。同样，农民工的劳动经验、个人资历、人脉也会随着居住时间的增长而不断增长，进而有利于农民工家庭经济状况的改善。随着居住时间的增加，农民工家庭对迁入地的方言、风俗习惯、价值观会更加了解，生活方式也会更加本地化，因此我们看到居住时间对农民工家庭文化融合的影响也是积极的。

从调查数据看，居住时间的增加似乎并不能增加农民工家庭的心理融合。虽然这种影响并没有达到统计上的显著性，但仍值得引起我们的重视。我们深入研究了居住时间与构成心理融合因子的4个变量的相关系数，发现居住时间与家庭身份认同度（$r=-0.181$，$P<0.01$）、住房满意程度（$r=-0.058$，$P>0.05$）、社区受欢迎程度（$r=-0.052$，$P>0.05$）均呈正相关关系，而且与家庭身份认同程度的相关关系达到了统计上的显著性，只有与职业满意程度（$r=-0.052$，$P>0.05$）为负相关关系。我们认为，如果排除样本代表性问题，这可能是因为在城市居住时间的增加虽然有利于改善农民工家庭的经济状况和城市认同度，但由于其学历和技能的欠缺，居住时间的增加并不能带来职业的升迁和满足感，甚至会由于年龄增加而陷入职业困境。

综上所述，居住时间总体上对农民工家庭城市融合起积极作用，而且这种作用在统计上得到了验证。居住时间对农民工家庭城市融合的影响主要通过社会关系网络和经济施加，但对心理融合的消极影响（未达到统计上的显著性）应引起有关部门的注意。

4.2.1.5　行业

农民工从事的行业多种多样，比较典型的为制造加工业、商业服务业、建筑施工业、餐饮服务业、卫生劳务业和交通运输业，以上行业共占全部农民工就业的95%。在这些行业中，制造加工业是典型的第二产业，其从业者身上的农村色彩较少，我们以制造加工业作为回归分析中自变量的类别变量的参照类。回归结果显示，其他行业主要在心理融合因子和职业融合因子上与制造加工业存在显著差异。从事制造加工业的农民工家庭无论是在心理融合上，还是在职业融合上均比从事其他行业的农民工家庭的程度高。也就是说，行业因素主要通过心理融合因子和职业融合因子对农民工家庭城市融合施加影响。

之所以出现这种现象，我们认为，主要是由于制造加工业是典型的第二产业，制造加工业从业者身上的农村色彩较少，在心理上更认同其城市属性。同时，城市的制造加工类企业相对于其他行业的企业在用工制度上相对比较规范，工作条件也相对较好，从而使从业者具有较高职业融合度。而建筑施工业和交通运输业是农民工较为集中的行业，被打上了农民工标签，其从业者交往圈子也主要限定在同行业的农民工，与城市居民的交往和互动较少，而且其工作的流动性大、工作条件较差，导致从事这两种行业的农民工家庭在所有行业中心理融合与职业融合程度最差。至于行业对经济融合没有产生显著影响，可能是由于农民工的收入主要和具体从事的职业有关，并且差距较大，而与从事的行业相关性不大。

可见，行业主要通过行业特征对农民工家庭的心理融合与职业融合施加影响。

4.2.2 农民工家庭因素

4.2.2.1 户籍

长期以来，户籍是农民工城市融合的重要影响因素，甚至是导致农民工城市融合问题产生的根源。对此，学术界研究较多，一些学者得出结论，即户籍主要通过其背后的经济制度和社会制度等在对城市规模控制的同时，限制了外来农民工的城市融合。本次调查在一定程度上证明了这一点。

正如前文所述，自2007年批准设立全国统筹城乡综合配套改革实验区以来，重庆出台了一系列改革措施，一方面对农民工在就业、住房、医疗、社会保障、子女教育等方面的限制逐步降低，城市户口的含金量大大降低了；另一方面，随着土地流转和地票制度的实施，农村户口的含金量大大提高了。更为重要的是，这些制度安排为增值的农村户口提供了变现的能力。过去对农民和农民工来说这只是存在账面上的资产，现在变成了实实在在的货币资产。农民工普遍有一种心理预期，将来的改革将进一步提高农村户口的含金量。此消彼长，农民工不再刻意追求自己及其家庭成员的户籍迁移就是十分自然的了。从本次调查情况来看，在被问到“是否愿意将户口迁移到重庆市，变更为城市户口”时，非常不愿意的占26.6%，不愿意的占29.8%，无所谓的占10.1%，愿意的占23.1%，非常愿意的占10.4%。可见，一半以上的外来农民工不愿意将户口迁移到重庆，远多于愿意迁移的农民工。调查结果清晰地表明，城市户籍虽然仍构成农民工城市融合的影响变量，但其主要通过附属于户籍上的各种经济制度发生作用。当附属在户籍之上的经济利益逐渐褪去后，户籍对农民工家庭城市融合的影响也呈现逐渐淡化的趋势。

4.2.2.2 住房

住房是影响农民工城市融合的重要因素。由于变量测量类型的限制，我们并没有将住房变量纳入农民工城市融合度和各因子融合度的回归模型中。但是，我们通过对居住在公租房的农民工与其他居住地的农民工的比较研究，也能够分析出住房要素对农民工城市融合是一种积极因素，并可以大体发现其作用机制。

第一，拥有住房有利于促进农民工家庭的社会网络融合。这主要是由于拥有城市住房后，农民工家庭与城市又多了一条联系的纽带。不但是邻里关系有利于拓展其社会关系网络，而且围绕住房所形成的一系列公共契约关系（如业主委员会等）也是重要的社会关系。这一点从居住在工棚和单位宿舍的农民工家庭社会网络融合要显著低于在外居住的农民工家庭就能看出来。

第二，拥有住房有利于农民工家庭的经济融合。在当代中国，住房往往是中国家庭最大的一项家庭资产。拥有城市住房，其本身就能说明农民工家庭在城市具有了一定的经济基础，即意味着缩小了与城市居民的经济差距。另外，一些城市为农民工家庭提供的公租房、廉租房相当于为农民工家庭城市生活提供了一大笔财力支持。较低的住房消费支出必然会极大改善农民工家庭的经济条件，从而帮助其在经济上融入城市。

第三，拥有住房有利于农民工家庭的心理融合。住房不仅仅是遮风避雨的物质空间，它决定了人们的生活环境和社会交往空间，为人们获得各种城市资源、积累人力资本、融入城市主流社会提供机会。因此，如果说工作会带给农民工个人以经济保障和信心，住房则会给整个农民工家庭带来扎根城市的信心。在城市拥有一套自己的住房以及住房条件的改善均有利于农民工摒弃自己的农民身份，认同自己的城市身份会大大促进农民工对城市的认同度。此外，拥有一套城市住房，也会增加农民工家庭的住房满意度。拥有住房有利于培养农民工家庭成员的社区责任感和主人翁精神，必然对构成农民工家庭心理融合的另一个变量——社区受欢迎程度产生积极影响。需要引起注意的是，由于公租房的公有性质和廉价标签，往往会给其居住者带来“受害者心理”，从而影响其心理融合。

至于住房要素对农民工家庭的文化融合与职业融合影响则仍有待进一步证实。综上所述，我们可以得出结论，住房对农民工家庭城市融合的影响主要通过社会网络融合、经济融合与心理融合发生作用，而且这种作用是一种积极作用。

4.2.2.3 家庭收入

收入是重要的农民工家庭城市融合影响因素，而且家庭收入是比个人收入更重要的影响因素，我们从家庭收入的回归系数大于个人收入的回归系数上也可以看出这一点。因此，我们这里仅分析家庭收入对农民工家庭城市融合的影响。

我们可以确定家庭收入会对农民工家庭社会网络融合因子、经济融合因子和心理融合因子产生积极影响（达到了统计上的显著性）。随着家庭收入的增加，农民工家庭的经济状况与城市居民家庭之间的差距不断弥合，农民工家庭的经济融合程度不断提高。经济收入的改善离不开社会关系网络的拓展，同时经济收入又会带来进一步拓展社会关系网络的需要，并为此创造条件，进而带来更高的社会网络融合。此外，构成心理融合因子的4个因素中的两个（职业满意度、住房满意度）与家庭经济收入有直接联系。构成心理融合因子的另外两个因素（家庭身份认同度、社区受欢迎程度）的提高，则依赖于由家庭经济收入增长所带来的社会地位的提升。因此，家庭经济收入增长必然会带来农民工家庭对迁入地更多的心理归属感。

但是，调查数据显示，家庭经济的改善并不一定带来农民工家庭对当地城市文化的更多认同与接纳，甚至会起到相反的作用，当然这种效应并没有达到统计上的显著性（见表4-1）。可见，家庭经济的改善虽然能带来农民工家庭对城市的认同和心理归属感，但并不能必然带来对当地城市文化的亲近感，提高文化认同不能简单依靠增加农民工家庭收入的方式。

此外，让研究者感到困惑的是，家庭收入的增加似乎也并不是职业融合的结果（未达到统计上的显著性）。我们认为，这可能是由于一定比例的农民工为自营企业主（包括个体经营），而且这些小企业或个体户多属于家族经营的性质，劳动用工不规范，虽然能够给农民工家庭带来较高的经济收入，但多从事的是城市居民不愿从事的行业。因此，家庭收入的增加与农民工职业融合的相关性并不强。

综上所述，家庭收入主要对农民工家庭的社会网络融合、经济融合和心理融合有积极影响，而农民工的文化融合与职业融合则必须通过其他方式达到。

4.2.2.4 配偶与子女

配偶和子女变量并没有被纳入农民工城市融合度和各因子融合度的回归模型中，因此我们无法通过实证方法研究这两个变量对农民工家庭城市融合的作用方式。但是，我们可以通过逻辑推理研究这一问题。

从已有研究来看，配偶和子女在身边共同居住，有利于农民工家庭扎根城市，增进对城市的归属感，进而促进农民工家庭从心理上融入城市。另外，农民工子女在城市接受教育，有利于他们接受本地文化，掌握本地方言，熟悉和接受本地风俗习惯，进而增进他们对本地城市文化的认同，促进整个农民工家庭从文化上融入城市。由于农民工在城市拓展社会关系和交际网络仍主要依靠血缘和亲缘关系，配偶和子女共同居住显然有利于农民工家庭构建新的社会关系网络，农民工在城市能够获得更多来自家族和同乡的支持和帮助。但是，配偶和子女在城市居住，会增加农民工家庭在住房、教育、医疗、生活等多方面支出，不利于农民工家庭在经济上融入城市。

4.2.3 小结

通过前文的分析，我们发现众多影响因素对重庆农民工家庭城市融合的作用路径不尽相同，作用方向各异，并且相互影响、交叉联系，共同构成了复杂的网络化机制系统（见图 4-1）。需要指出的是，我们的分析方法主要是多元线性回归分析和逻辑斯蒂回归分析。这两种分析方法侧重于多个自变量共同对因变量的解释，各自变量的回归系数的大小和符号受选择的自变量及其数量影响。虽然我们通过对回归结果进行理论解释，可以尽可能地缩小的这种影响，但也并不能完全排除图 4-1 中显示的关系并不存在于实际社会中的可能性。

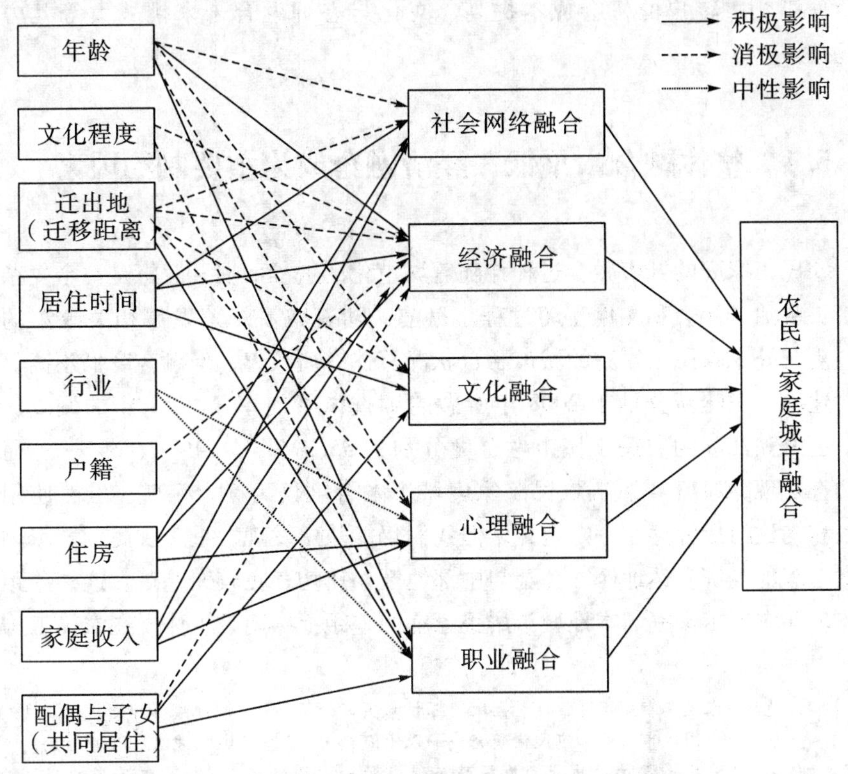

图 4-1　农民工城市融合各影响因素作用机制示意图

5 重庆农民工家庭城市融合的问题分析

通过对重庆农民工家庭城市融合状况的现状调查和理论分析，我们认为，当前重庆农民工家庭城市融合中主要存在整体融合水平低、正式社会支持网络主导性缺失、就业质量低、社会保障力度仍显单薄、公租房对农民工城市融合的负面影响、转户的机会成本提高、文化与心理融合未来挑战大等几方面问题。

5.1 整体融合水平低，经济融合成为主要制约因素

农民工家庭的城市融合过程伴随着城市化的进程而展开，将是一个复杂的经济、政治、社会和文化互动过程。目前，随着城乡统筹发展相关政策的推进，重庆外来农民工家庭的城市融合状况总体有所改善，但融合度仍不高。根据徐建玲、王桂新分别于2008年所做的调查以及何军于2011年的调查，武汉、上海和江苏的农民工城市融合度分别为55.37%①、54%②、64%③。而本次调查发现，2013年重庆农民工家庭城市融合度仅为51.657%。虽然使用的方法和构建的指标存在一定差异，但我们仍能从中发现，重庆农民工城市融合程度与东部经济发达地区，甚至与中部地区相比均存在较大差距。这种差距不仅体现在农民工家庭与本地城市居民家庭的差距上，而且也体现在农民工构成

① 徐建玲．农民工市民化进程度量：理论探讨与实证分析［J］．农业经济问题，2008（9）．

② 王桂新．中国城市农民工市民化研究——以上海为例［J］．人口与发展，2008（1）．

③ 何军．城乡统筹背景下的劳动力转移与城市融入问题研究——基于江苏省的实证分析［D］．南京：南京农业大学，2011．

上。由于重庆社会经济发展相对滞后，辐射能力较弱，其吸引的农民工以重庆本地和周边省份为主，这本身就降低了农民工家庭城市融入的难度。可以预见，随着我国西部经济的加速赶超和重庆经济的快速发展，更多较远省份的农民工会来到重庆务工、谋生，这必然会带来农民工城市融合难度的增加。如果不能采取有效措施，未来重庆面临的农民工家庭城市融合的任务将更加繁重和复杂。

从具体构成要素来看，重庆农民工家庭与城市居民在经济上的差距是二者之间必须弥合的主要差距，而经济融合是制约重庆农民工家庭城市融合的主要因素。过去作为导致农民工城市化问题根源的户籍制度问题，随着重庆出台了一系列改革措施，农民工在就业、住房、医疗、社会保障、子女教育等方面的限制逐步与户籍脱钩，户籍虽然仍构成农民工城市融合的影响变量，但其作用有逐渐淡化的趋势。农民工家庭与城市居民的经济差距不但没有缩小，反而有扩大的趋势。

依据本次调查数据，在农民工城市融合的 5 个维度上，经济融合程度最低，只有 45%。首先，农民工在重庆务工平均月收入只有 2 511.89 元，是重庆市民就业人员平均工资的 68%。外来农民工的收入与重庆市民相比仍明显偏低。其次，外来农民工就业主要集中在第二产业的建筑业和第三产业的低端行业，工作单位主要以私营企业和自营企业（包括个体经营）为主，不签订劳动合同的现象很普遍。再次，由于用工不规范，农民工普遍存在劳动时间长、强度大、拖欠工资的现象。最后，由于经济收入低，无力支付高额的商品房价格，农民工在城市的住房自有率较低。农民工在城市居住以单位工棚、宿舍、共同或单独租住在低档城市住宅为主。其不但居住条件差，而且额外的租金支出更加剧了农民工家庭的经济负担。

经济是基础。经济融合程度相对滞后，不但会拉低总体融合程度，而且还会直接影响农民工家庭在其他维度上的融合。收入水平低、经济条件差往往是农民工与城市居民职业差距的直接体现。而经济融合不够，又必然导致农民工在城市生活艰辛，农民工无恒产作为家庭之锚，进而产生过客心态，影响农民工在心理上对城市的认同和依赖以及文化上的亲近与包容。同时，经济地位低下，必然导致农民工社会交往范围受限，仅能依赖血缘和地缘纽带建立起来的社会关系网络，进而影响其社会关系网络融合。可见，在构成农民工家庭城市融合的 5 个维度中，经济融合处于核心地位。而当前制约重庆农民工城市融合的主要短板恰恰就在经济融合上。因此，未来重庆城乡统筹的政策导向目标应紧紧盯住增加农民工经济收入和弥合其与城市居民的经济鸿沟，这不但有利于促进重庆农民工家庭经济融合，而且有利于在促进社会关系网络、文化、心理、职业融合的基础上使重庆农民工总体城市融合度得到较大提升。

5.2 社会关系网络融合质量低，正式社会支持网络主导性缺失

由于重庆吸引的外来农民工以本市和周边省份为主，来自较远省份的农民工数量较少，因此相较于东部发达城市，重庆农民工家庭在城市往往有较多的亲戚、同乡，从而导致由血缘、地缘为纽带形成的社会关系网络较发达，大大提高了重庆农民工家庭的社会网络融合程度。但是，主要依赖以血缘、地缘为基础建立的非正式社会支持网相对原始、传统和具有排他性，不利于农民工拓展、提升自己的社会交往范围和质量，进而不利于他们完全融入城市。

首先，单纯依赖非正式社会支持网会增加异质融合的难度。

农民工在城市遭遇困难，不论在物质上还是精神上，都以从家人、亲戚、朋友和同乡那里获得帮助为主要方式。农民工过多地依赖非正式社会支持网会使得交际的圈子具有一定的局限性。农民工社会关系网络的成员主要包括家人、亲戚、同乡三大类。这三类成员所体现的一个共有特征就是他们的职业具有一定的相似性。农民工求职的途径也主要是依靠亲友提供相类似的职业。这一系列的因素造成农民工群体成员职业同质性高、生活水平和生活方式相近、社会心理相似，即农民工城市融合具有同质性高的特点。与此同时，农民工主要和与自己社会身份相同、职业相似的人群交往，必然会导致农民工与群体外的城市居民在生活方式、生活水平、社会心理上出现隔阂，而城市居民也会由于对农民工不了解而产生一些偏见，进而增加他们之间的融合难度。此外，由于相同地域、相同职业的农民工集聚在一起，从而导致农民工群体内部分化为许多不同性质的小群体。这些小群体之间因地域、职业的不同产生了一定的隔阂，从而使农民工群体内部城市融合度降低。一些城市出现的“河南村”“山西村”“浙江村”等就是这一效应的集中体现。

其次，以政府和社会组织为主导的正式社会支持网络的缺失导致农民工家庭城市融合缺乏制度保障。

应该承认，无论是工作上的困难，还是生活上和精神上的压力，非正式社会支持网络都能够为农民工家庭提供及时、有效的物质帮助以及精神上的慰藉和关心，从而改善了农民工孤立无援、缺少保护的境况。因此，非正式社会支

持网络对农民工家庭也发挥着不可替代的作用。但是，在现代社会，协调社会成员之间关系主要靠法律、法规、契约等制度性条款。这就决定了政府和社会组织在农民工家庭城市融合中要扮演重要的角色。政府和社会组织的功能缺失，必然会导致农民工家庭城市融合缺乏制度保障。

我们先来看政府的作用。第一，国家制定法律条文规范人们的行为，这在一定程度上约束了人们非理性的行为，保证了人们行动的合理性，从而使得社会得以正常运行。第二，政府在整体的价值观念上给人们的行为提供导向作用，促使人们做出符合自身发展的最佳选择。因此，正式社会支持网络可以提供有利于农民工的舆论导向。除此之外，政府还通过法律等强制性手段，协调不同群体之间的利益以及整合社会各方面的力量，从而降低农民工城市融合的成本。总之，只有由政府提供的制度保障才能为农民工家庭城市融合提供强大的制度支持体系。

我们再来看各类社会组织的作用。社会组织对解决农民工问题具有很强的针对性、高效性和区域性特点。社会组织可以作为连接城市和农村的桥梁，因为很多社会组织是农村和城市相结合的产物。通过社会组织加强农民工个人与政府之间的社会互动，从而扩大农民工的社会支持网，这就在很大程度上提高了农民工个人的社会资本水平以及群体整体的社会资本水平。相对于政府支持来说，社会组织具有更强的针对性和高效性，对政府主导的社会支持起到补充作用。这其中，社区作为连接农民工家庭与政府部门的社会组织可以发挥巨大的作用。但是，从调查结果来看，农民工家庭的社区参与度很低。农民工家庭从社区获得的服务和信息更是匮乏。社区对保障农民工家庭在城市的基本权益和促进其融入城市的作用仍没有充分发挥。

最后，不同类型的社会支持网络对农民工城市融合起着不同的作用。

社会支持网络根据其结构的不同可以分为正式社会支持网络和非正式社会支持网络。农民工依靠不同类型社会支持网，与其不同的城市融合结果之间存在着一定的联系。有调查发现，农民工的城市融合度越高，其正式社会支持网络发挥的作用越大，发挥的水平越高。而随着城市融合度的降低，非正式社会支持网络的作用迅速上升。我们可以理解为，正式社会支持网络能更好地促进农民工对城市的融合，而过多地依靠非正式社会支持网络，这就使他们的交往圈子有很大的局限性，很难使农民工成功实现城市融合。因此，农民工要很好地实现对城市的融合，就需要农民工的正式社会支持网络和非正式社会支持网络相互合作，共同发挥作用，两者缺一不可。

5.3 就业质量低

农民工家庭在经济上与城市居民家庭存在较大差距，一个重要原因是农民工的就业质量较低。本次调查显示，经济融合程度最低，只有45%；职业融合度为48%，在农民工城市融合的5个维度上，是仅次于经济融合的第二低的维度要素。

从具体表现上看，重庆的外来农民工在城市就业主要集中在商业服务业、建筑施工业、餐饮服务业和制造加工业，在以上行业就业的农民工分别占所有农民工的37%、18%、14%和11%。此外，环境卫生劳务业和交通运输业也是外来农民工就业相对集中的行业，分别占所有农民工的8%和7%。从就业单位性质上看，重庆农民工在重庆的工作单位主要以私营企业和自营企业（包括个体经营）为主，其中前者占60.5%，后者占34.2%。在私营企业就业的农民工中，未签订劳动合同的占61.2%。可见，重庆农民工仍主要是在城市非正规部门就业，就业单位以私营企业和自营企业（包括个体经营）为主，从事的工作也主要是一些低技术、风险高、临时性的体力劳动，并且很难实现在劳动力市场、职位上的向上流动。

除了就业行业和单位性质，重庆农民工就业质量低还表现在劳动时间长、劳动环境差、劳动强度大、劳动报酬低。本次调查数据显示，重庆农民工平均每天工作10.3小时。有43.4%的农民工每天工作10小时以上。从每周工作时间上看，22.7%的农民工每周工作5天或5天以下，52.3%的农民工每周工作6天，25%的农民工每周工作7天。虽然劳动时间和劳动强度总体上比市民要大，但是报酬却相对较低，从调查数据来看，农民工个体和农民工家庭的平均月收入分别只有2 511.89元和5 262.23元，78.7%的农民工月收入在3 000元以下，65.7%的农民工的家庭月收入在5 000元以下。根据重庆统计局的统计数据，2013年重庆就业人员平均工资为44 111元/年，相当于3 675.9元/月。农民工的月收入仅相当于同期重庆市民就业人员月平均工资的68%。虽然重庆农民工的工资收入低，但仍有被拖欠、不能足额领取的现象。

过去，学者们普遍认为制度上的就业限制和就业歧视是导致农民工职业融合程度较低的主要原因。然而，从本次调查的情况看，来自外部环境的就业限制和就业歧视已经很少，绝大部分农民工并没有在就业过程中遭受“农民身份”的过多困扰。这可能和重庆推进城乡统筹以及这座城市具有“平民特质”

的包容文化有关。相反，在当前市场经济下，导致农民工职业融合度低的主要原因是其自身教育文化程度。根据本次调查，在所有重庆农民工中，平均文化程度为初中，其中没上过学的占 9.1%，小学文化的占 28.4%，初中文化的占 31.4%，高中文化的占 18.1%，大专文化的占 6.1%，本科以上文化程度的占 6.9%。较低的文化程度使农民工专业技能也极度匮乏，不能胜任现代制造与服务业工作，在与大专院校毕业生的竞争中处于劣势地位，进而限制了农民工在城市的择业和就业。文化水平较低的农民工受传统思想影响较大，对城市文化和生活方式比较抗拒，不愿意主动地融入城市和摒弃其农民身份，进而不易提升心理融合度。

5.4 社会保障力度仍显单薄

2007 年 6 月，重庆获批成为全国统筹城乡综合配套改革实验区，从此开始探索二元户籍制度改革，尝试通过转户让更多农民工享受到与城镇居民相同的社会经济权益。重庆的户籍制度改革的核心可以形象地概括为“脱下三件衣服，穿上五件衣服”。整个配套政策可以概括为“335”，即 3 年过渡、3 项保留和 5 项纳入，确保转户居民与城镇居民享有同等的待遇。转为城里户籍后，3 年内承包地、宅基地及农房均可保留；保留 3 项农村权益，即林地使用权、计划生育政策、农村各项补贴，居民转户后就业、社保、住房、教育、医疗纳入城市保障体系，实现转户进城后“五件衣服”一步到位，与城镇居民享有同等待遇。从转户对象和目标规模上讲，重庆户籍制度改革分两步走。第一阶段，即 2010 年 8 月至 2011 年，重点推进有条件的农民工成为城镇居民，解决户籍遗留问题，力争新增城镇居民 300 多万人，非农户籍人口比重由之前的 29%上升到 37%。第二阶段，即 2012 至 2020 年，通过系统的制度设计，进一步放宽入户条件，力争每年转移 80 万~90 万人，到 2020 年新增城镇居民 700 万人，非农户籍比重提升至 60%，主城集聚城镇居民 1 000 万人，区县城集聚城镇居民 600 万人，小城镇集聚城镇居民 300 万人。

首先，重庆户籍改革实施 3 年来，从重庆农民工享受的社会保障情况来看，实施效果仍有待提高。本次调查数据显示，有 46.2%的农民工没有购买任何社会保险，也就是说将近一半的农民工是在毫无保障的情况下在城市工作和生活。在所有的社会保险中，购买医疗保险的农民工最多，有 47.7%的农民工购买；其次是养老保险，有 26%的农民工购买；而工伤保险、失业保险和生育保险分别只有 17.6%、13.8%和 11.2%的农民工购买。可见，有相当一部分农民工仍游离于社会保障安全网之外，社会保险的覆盖面还不高。一旦遇到伤病意外，其承受能力的脆弱性便很容易表现出来，进而对其个人和家庭在城市的生活带来困难。

其次，对于城市提供的“五件衣服”，政府落实起来仍有难度。在转户后，政府承诺提供的 5 项保障中，教育保障能解决转户农民工子女在城市享有平等教育资源的问题，因此是含金量最大的，也是农民工最为看重的。而后是住房，重庆的公租房确实在一定程度上能解决部分转户居民居住问题。而剩下的养老、医疗与就业，则难以为农民工带来切实的利益。这是由于这 3 项社会保障依赖企业为其购买。若转户居民已在城镇中就业，企业单位为其缴纳养老和医疗保险，从实施角度上能予以解决。但若转户居民在城镇中未就业，则这 3 项保障就会落空。转户农民多在私营企业就业，私营企业往往会因控制成本而少缴或不缴，即便缴纳了，也是“羊毛出在羊身上”，以工资进行抵扣。虽然政府为转户农民工设定了 3 年过渡期，允许转户农民工 3 年内继续保留宅基地和承包地的使用权和收益权，但是 3 年后这一问题仍然存在。

最后，对于成功转户的农民工来说，城市的“五件衣服”提供的保障力度仍显单薄。第一，教育优势可能削弱。从“五件衣服”上讲，含金量最大的是教育。从政策上讲，农民工转户后，其子女可以平等享有城市的教育资源。但从实施情况上看，由于教育资源的有限性与稀缺性，择校的成本不断增大。尽管从政策上允许农民工子女就近入学，但对于收入不多的转户农民而言，其子女读书问题仍难以解决，更不要谈子女能读名校。若更多的农民工子女入城，以现有的教育资源则根本满足不了，其结果可能是农民工子女所享受的教育只是“地点从农村搬到了城市”，并未享受到城市教育的优势，教育优势可能进一步被削弱。第二，社会保障问题尚未解决。从“五件衣服”上讲，社会保障是关键。若能把社会保障中的养老、医疗问题解决，农民工就更能融入城市，转户的平台就能顺利建立。除了前面谈到的落实难问题，保障力度低也是一个较大问题。例如，重庆规定，对于转户的老龄群体，如果参加了城镇转户养老、医疗保险，每月最少能领取 550 元；对于转户的劳动力群体，需要至少缴纳 15 年，若不足 15 年，可一次性补足差额。按照重庆现有消费水平，每月领取的 550 元在城市根本不够生活支出，养老问题仍不能解决；若想领取较多的养老金，就必须缴纳更多的费用，这会使转户成本进一步提高，并且即便是按照最高标准缴纳，领取的费用仍仅够维持基本生活需要。若在城市中就业，选择了参加城镇职工养老保险，因多数企业仍是按照最低标准进行缴纳，退休后领取的保障金也会较低。第三，就业问题仍很严峻。城市的“五件衣服”中就业问题是重点，对于劳动者而言，就业直接决定其收入水平，并且农民工的转户意愿与就业、收入息息相关。然而，从本质上讲，政府并不能为农民工创造就业机会。然而，农民工由于文化教育水平、职业技能在职场竞争中处于劣势地位，加之重庆户籍制度改革的目标是在10年内实现1 000万农村户籍人口转为城市户籍人口。尽管重庆近几年经济发展形式较好，但增加这么多需要就业的城市户籍人口，必然会恶化转户农民工就业形势。

5.5 公租房对农民工城市融合的负面影响

重庆是最先将外地农民工纳入公租房保障范围的地区之一。截至2013年，重庆共开工公租房总建筑面积约3 338万平方米、53.8万套，竣工总建筑面积约1 315万平方米、32.8万套。可以说，在城市房价高企的时代，公租房的建设与配租有力地保障了重庆农民工城市居住问题的解决。然而，公租房的制度设计主要是为了解决包括外来农民工在内的城市低收入群体的居住问题，并没有为农民工城市融合进行专门的制度设计。本次调查结果显示，公租房确实对改善农民工家庭居住条件起到了较大作用，但是由于公租房在产权性质、房屋质量、所付租金、居住环境等方面与现有各类住房均有显著差异，公租房事实上对重庆农民工家庭城市融合起到了负面的消极作用。

前文已有分析，在构成城市融合度的5个维度中，公租房居住有利于农民工家庭的经济融合，而不利于农民工家庭的社会关系网络和心理融合（达到了统计上的显著性水平）。从总体上讲，公租房居住对农民工家庭城市融合具有负面影响（未达到统计上的显著性水平）。

公租房对农民工家庭城市融合的积极作用比较好理解。在重庆，公租房的租金标准是11元/平方米·月，还不到市场价格的一半。一个面积为60平方米的两室一厅住房的市场租金在1 500元/月左右，而同样面积的公租房的租金不到700元/月。可以说，公租房在扩大农民工家庭的居住空间和提高其居住质量的同时，大大降低了农民工家庭的居住成本。在我们的调查中，这一点多次获得了公租房的农民工租户的认同。较低的住房消费支出必然会极大改善农民工家庭的经济条件，从而帮助其缩小与城市居民的经济差距。随着城市住房租金的上涨，这一效应会更加突出。

然而，公租房在促进农民工家庭经济融合的同时，也对其在新的生活环境中重新构筑社会关系网络带来了困难。这是由于农民工家庭在城市高度依赖血缘、地缘为基础的社会关系网络。无论是工作还是生活，农民工基本上处于一个由家人、亲戚、同乡构成的小圈子中。而搬迁到公租房居住，事实上对过去稳定的人际关系网络是一个扰动，不利于农民工家庭维系由亲缘和地缘关系构成的社会关系网络。与此同时，基于业缘的现代社会关系网络又一时无法建立起来，从而使农民工家庭社会网络融合降低。我们在实地调查中，有相当数量的被调查者反映公租房小区内居住的人来自天南地北，风俗习惯迥异，邻里关系比较复杂。其实，我们知道，重庆的农民工绝大部分来自于重庆本地和周边省份，生活习惯的差异并没有他们描述得那么大。这更多的是原有社会关系网络被打破后的一种不安的潜意识反应。其直接后果就是，农民工家庭的社区融合不理想。

公租房居住也不利于农民工家庭心理融合。这主要是由于公租房的公有和福利性质，使居住在公租房的居民会产生自卑心理，即居住在公租房小区意味着自己是一个贫困者，不如普通小区的居民。如果这种自卑心理不能得到及时纠正和疏导，就会发展成为受害者心理，即由于自己是贫困者，因此自己不受重视，得不到公平对待。这种心理会由于一些公共事件在私下和社交媒体上的传播而得到加强和巩固。我们在调查中相当一部分被调查者在谈到小区缺少菜市场、健身设施损毁严重等问题时，将问题的出现与没有及时解决归结于政府不重视，并将政府不重视的原因归结为公租房是“贫民区”，公租房居民是“外来人”。这种受害者心理会随着居住问题的出现而不断放大。长此以往，即便有些问题是所有居民小区普遍存在的共性问题，也会被公租房居民解读为被歧视和被区别对待了。这必然会大大降低被调查者对所在城市的认同度，从而影响到其心理融合。

5.6 农村土地确权和流转制度提高了转户的机会成本，一些农民工可能放弃转户

农民工家庭城市融合的过程中除了要支付制度因素所带来的各种直接成本或间接成本之外，还要承担一定的机会成本——农村资产所带来的收入。从本次调查的情况来看，72.7%的农民工与配偶一起来到重庆务工，62.9%的农民工将孩子带到重庆，51.1%的农民工举家来到重庆务工。可见，超过将近2/3的农民工家庭在外出务工后失去了务农的主要劳动力。然而，绝大部分农民工

家庭在农村都有几亩（1 亩约等于 666.67 平方米，下同）到几十亩不等的承包土地。过去，除了夫妻一方外出由另一方在家务农或者交给亲戚、同乡耕种（收取少量租金或不收租金）外，这些土地基本上被撂荒了。在这种情况下，农村耕地对外出务工的农民工家庭的经济价值没有体现或价值不大。换句话说，如果不考虑宅基地和农房的话（由于缺乏交易市场，经济价值也很难转化为实实在在的经济收入），农民工家庭转户的机会成本较小。

然而，自从开始实行土地流转制度后，农民工转户后自愿退出承包地的转户居民，按土地流转指导价格及第二轮土地承包期剩余年限计算退地补偿金，由农村集体经济组织负责将农民工自愿退出的承包地以农业种植大户承包、引进业主承包等方式筹集和发放农地退出补偿金。这实际上不但增加了农村土地的价值，并且将农民工家庭的农村资产盘活了。对农民工家庭来说，过去不能产生任何经济效益的农村资产，不但可以产生经济效益了，而且这种经济效益还有增加的趋势。除了承包地，2010 年后，重庆统筹城乡试验区还对林地、宅基地、房产全面实施确权颁证，将农户林地、宅基地、房产的使用权与所有权进行量化，按照农户使用权占 85%、村社集体所有权占 15%的比例进行分解，使农户林地、宅基地的使用权能在银行质押、抵押贷款，能实现有序流转和有偿退出。这也就意味着，林地、宅基地、房产的价值也通过确权颁证得到了确认，并可通过银行质押、抵押贷款和流转获得实实在在的经济收益。可见，只有转户后所带来的经济收益要更大，农民工家庭才会考虑完全转户。否则，3 年过渡期过后，可能会出现农民工放弃城市户口的潮流。如果这种情况出现的话，农民工家庭仍不能完成从农民到城市居民的转化。

5.7 文化与心理融合未来挑战大

在农民工家庭城市融合的 5 个维度要素中，经济融合是基础，职业融合与社会关系网络融合是途径，而文化与心理融合是最终目标。只有当一个农民工家庭完全接受迁入城市的文化，并自觉按照当地风俗习惯行事、生活，并在内心认同其城市属性，具有强烈的归属感，我们才可以说该家庭完全融入了所在城市。因此，相比经济、职业和社会关系网络融合，属于心理层面的文化与心理融合的要求更高、难度更大。

本次调查显示，重庆农民工家庭文化融合与心理融合度均较高，尤其是文化融合度甚至达到了 63.3%。我们认为，这并不能说明重庆本地文化的强大与包容。这种情况的出现，其实很大程度上是由于重庆的农民工普遍迁移距离较短，以本市和周边省份为主。较短的迁移距离决定了外来农民工与重庆市区居民在语言、价值观、生活方式、风俗习惯上比较相近，从而大大降低了外来农民工文化融入的困难。随着重庆社会经济的快速发展，对外辐射能力逐渐增强，重庆吸引的外来人口将越来越多，域外农民工来重庆打工生活将变得更加普遍，不同文化与风俗习惯的融合与冲突将更加激烈。这必然会增加农民工家庭文化融合的难度。

本次调查发现，重庆农民工家庭的心理融合仅次于文化融合与社会网络融合，融合度达到了54%。有一部分重庆籍农民工家庭出于经济上的考虑，不愿意将户口迁移到城市，在一定程度上拉低了心理融合度。因此，如果将这一因素排除在外，重庆农民工家庭的心理融合度将会更高。但是，我们也应该清醒地看到，构成农民工家庭心理融合的重要指标——自我身份认知表现很不理想。在此次调查中，37.2%的农民工认为自己是重庆人，26.6%的农民工认为自己是外地人，26.6%的农民工认为自己既是重庆人也是外地人，12.4%的农民工认为自己是新重庆人。不排除一部分农民工错误地将“重庆人”理解为地域概念，从而提高认同“重庆人”的比例。即便如此，这一比例也要低于来自重庆农村的农民工所占的比例（63.1%）。如果考虑到随着重庆社会经济的快速发展，将来重庆外来农民工的户籍地更加多元化与复杂化，心理融合将面对更大的挑战。

6 促进重庆农民工家庭城市融合的对策研究

针对重庆农民工家庭城市融合中存在的主要问题，基于农民工家庭城市融合影响因素的作用机制，我们提出以下几点促进重庆农民工家庭城市融合的政策建议。

6.1 进一步深化户籍制度改革，彻底打破城乡二元体制

重庆创新性的户籍制度改革有力地促进了重庆农民工家庭城市融合，未来深化户籍制度改革的目标应定位在保障迁徙自由的基础上，消除城乡二元体制，重新建立分配职能，完善信息统计和管理职能，最终实现城乡一元的平等权，来促进农民向非农转移并实现工业化、城市化发展。

第一，将附加在户籍上的经济利益彻底剥离。户籍制度是获取社会管理基础信息和实施社会管理的必要手段。其在功能上只限于户口登记、管理、备案等。但是，在计划经济下产生的二元户籍制度在承担基本户籍管理功能外，还额外承担了资源分配等外在功能。同时，由于片面强调工业发展（尤其是重工业），社会资源向城市集聚。在这种情况下，为保障城市稳定和工业发展，防止农村人口过度冲击城市，社会资源和生活资料通过户籍向人们分配。这就使我国人口迁徙受到抑制，社会阶层固化，城乡差距持续拉大。因此，打破城乡二元体制，就必须进一步深化户籍制度改革，将附加在户籍上的经济利益彻底剥离，还户籍管理以本来面目。

这就要求我们研究解决好与户籍改革相关的社会经济政策，稳步推进户籍制度改革。户籍制度改革本身并不复杂，但与户籍制度相关的社会经济政策和

它们所形成的社会利益分配格局却是相互交织的。政府应该综合协调相关部门对计划生育、最低生活保障、义务教育、社会保险、医疗卫生等与户籍改革相关的管理制度进行一次全面清理，同时制定出相应的修改和过渡性法规措施，彻底消除户籍中的各种利益分配制度。

第二，促进农村剩余劳动力迁徙自由化。人口自由迁徙流动是公民的基本权利，同时是市场经济发展的要求。作为全国统筹城乡综合配套改革试验区，重庆的户籍改革目标不应仅局限于消除附加于户籍上的不平等的经济利益，应该更进一步，取消重庆农业户口与非农业户口性质区分，统一登记为居民户口，甚至基于对过去不平等政策的补偿，对转户的农民工家庭予以一次性经济补助。我们认为，应积极研究对策，在保障农村剩余劳动力迁徙自由化基础上，制定相应制度，鼓励农村剩余劳动力向城市迁移，以加快人口城市化进程，改变重庆城市化严重落后于工业化的现状。

6.2 多渠道增加农民工家庭经济收入

在农民工家庭城市融合的5个维度中，经济融合是短板，同时也是促进农民工家庭在其他几个维度中融入城市的基础。农民工作为一名社会人，也只有在满足了基本的物质需求的时候，才有可能获得生存和发展的权利。农民工要想完成城市融入，必须先找到一份稳定的工作，完成经济上的独立，才有可能完成社会和心理层面的融入，为顺利实现城市融入奠定基础。

第一，改革分配制度，构建新型收入分配体系。由于农民工在城市非正规部门多从事一些低技术、高风险、临时性的体力劳动，农民工与雇主关系不对称，收入构成单一，而且水平很低。我们应借鉴西方收入分配制度，提高包括农民工在内的劳动者在企业收入分配中的比例，即建立由基本保障性收入、激励性收入、效益性收入构成的农民工收入构成制度。基本保障性收入的主要作用就是要保障农民工基本生活需要。基本保障性收入就是要不折不扣地按国家劳动法律法规规定的最基本要求，用人单位必须与进城务工人员建立劳动合同关系，与此同时，还必须承担养老、工伤、失业、医疗、生育等保险费用。激励性收入可采用技术技能培训、业务培训、带薪休假等多种形式。其目的是在农民工获得基本保障性收入的前提下，调动农民工的工作积极性，创造更大的经济效益。效益性收入作为一种分配形式，位列基本保障性收入和激励性收入之后，要求农民工的收入水平要与相关经营业绩指标挂钩，进一步激发进农民工的主人翁意识，培养农民工为企业或用人单位创造财富的自觉性。实事求是地讲，重庆绝大部分企业并不具备分配制度改革的条件，但政府应该积极推动用人单位充分认识激励制度与企业效益的关系，并实施人性化管理。在确保基本保障性收入的前提下，分阶段、分行业、分步骤在有条件的企业推动激励性收入和效益性收入改革。

第二，进一步健全土地流转机制。土地流转应更加公开、公正、市场化，从而使农民工获得的租金更能反映流转土地的价值。应进一步健全土地评级制度，按照流转和退出承包土地的地理位置、土壤结构、优劣状态进行评级，并在此基础上进行等值交换，使零散的土地集中化，从而降低土地开发成本，提高单位土地的价值。以县或区为单位，汇总宅基地可以交换的地票面积。以每年地票交易价格的平均价进行定价，这有利于边远山区的土地进行流转，增加边远山区农民工的土地流转收入。此外，还应健全地票交易的法律法规，交易的数量、价格、成本等信息必须公开，随时接受相关部门及社会民众的监督，坚决杜绝土地交易腐败和损害农民工利益。

第三，降低农民工税务负担，加大转移支付力度。通过合理控制农民工的税费、交易成本等提高农民工收入质量。努力解除农民工在农转非和进城务工过程中的政策性壁垒和障碍，并将农民工的各种合法权益包括医疗、教育和住房等纳入务工城市的管理体系中去，准许农民工接受教育与培训的费用在税前扣除。给予返乡创业农民工适当的税收优惠，减免不合理税费，降低交易费用，为农村劳动力在城市从事第三产业创造宽松的政策环境。此外，对农民工这一低收入群体应加大转移支付力度，在购买劳动资料、教育培训、社会保障等方面进行补贴，减轻农民工经济负担。

第四，提高农民工最低工资，保证农民工工资按时足额领取。进一步提高农民工最低工资，明确加班工资和基本工资差异。引导农民工签订正规用工合同，以保障其收入能否足额获取的权利，并通过政府、企业和工会共同努力协调好劳资关系，强化企业社会责任感，规范相关法律法规来解决拖欠农民工工资问题。建立农民工欠薪监督制度，查处欠薪严重企业，责令欠薪企业限期补发农民工工资并公告社会。利用媒体对恶意侵占农民工劳动成果的现象进行曝光并追究相关责任人的责任，配合政府部门对其进行适当处理。

6.3 消除就业歧视，保障就业权利，提升就业质量

第一，扩大就业，为农民工创造更多的高质量就业机会。重庆的外来农民

工主要在城市非正规部门就业（主要是低端商业、服务业），在第二产业就业的仅占29%，如果扣除在建筑施工业就业的农民工，在第二产业就业的农民工仅占11%。与低端商业、服务业相比，工业企业的用工相对规范，而且收入较高，劳动保护和社会保障相对完善。因此，在农民工教育水平较低、职业技能不高的情况下，扩大农民工在工业企业的就业，尤其是在劳动密集型产业的就业，有利于提升整个农民工群体的就业质量。由于近年来重庆第二产业绝大部分已经转移到了都市功能拓展区，城市居民新增就业主要集中在第三产业，因此通过扩大第二产业的就业机会来吸纳农民工就业，不会对城市居民就业造成冲击，自然也不会导致两个阶层的利益摩擦。

第二，提升农民工的人力资本水平。当前农民工就业质量低一方面是由于劳动力市场存在着歧视性制度，另一方面也是由于之前劳动力市场歧视的累积性结果。农民工在进城务工之前，由于国家教育、卫生保健和培训等公共资源在城乡之间的不公平分配，他们的人力资本投资就已经受到了不公平对待。即使当前劳动力市场制度性障碍完全消除，农民工由于受到自身低人力资本水平的限制，大多只能在低技能、低工资的城市非正规部门工作，而难以进入大型国有企业、高新技术行业以及金融、证券和保险等高端领域。这种非制度性因素正越来越成为限制农民工提升就业质量的主要因素。因此，政府有责任加强农民工人力资本投资力度，加强农村基础教育投资，加强对农民工的职业技能培训，切实保障农民工子女享有平等的受教育权利，消除就业歧视的非制度性根源。

第三，加强劳动监察执法和对农民工的法律援助。农民工属于社会弱势群体，囿于自身较低的文化水平，他们普遍对法律知识知之甚少，在权益受到侵害时很难通过寻求法律援助来维护自身利益。这就要求我们必须加强劳动监察的执法力度，建立对用人单位或劳动场所的日常监督检查机制，大力打击不签订劳动合同、非法用工、超时用工、拖欠工资等违法现象，从源头上杜绝侵害农民工劳动权益的违法行为。此外，还应通过设立专项农民工法律援助经费和大力培养法律援助专业人才的方式，加大对农民工法律援助体系的建设力度。一旦出现侵害农民工劳动权益的违法事件，农民工法律援助体系就能为农民工提供法律援助，帮助农民工维护自身权益，从而增加企业的违法成本。法律援助经费是要由政府财政支持的，政府应制定明确的法律援助政策，设立专项法律援助基金，不得挪为他用。对于专业人才培养，可以通过增加编制来扩大法律援助人才的数量，根据不同情况对法律援助律师采取物质补偿或者精神嘉奖。此外，还可以在社会上招募法律援助志愿者。

第四，增强第三方组织介入积极性，拓展农民工就业空间。农民工进城务工基本还处于自发组织状态，就业机会和信息大多来源于亲戚、朋友、同乡等熟人介绍，进城后也缺乏相关组织的正确引导和帮助，他们往往会面临很多自身难以解决的困难和问题。因此，促进农民工社会融合有必要加强其组织化程度，通过第三方组织的参与和帮助，拓展就业空间，更利于农民工有组织地实现社会融合。此外，应深度挖掘城市人才市场的中介作用，为农民工城市就业提供便利。不仅赋予人力市场提供供求信息的作用，而且可以把培训任务放到人才市场之中。这样不但可以有效降低农民工找工作的成本以及因政府把关而有效减少欺骗行为的发生，而且人才市场因掌握更加确切的人才需求信息，培训可以更加具有针对性。

6.4 加强公租房的建设与管理

第一，适当降低公租房的物业管理费用，进一步降低农民工家庭的居住成本。公租房对农民工家庭城市融合的积极作用主要来自于对经济融合的助力。较低的住房消费支出必然会极大地改善农民工家庭的经济条件，从而帮助其缩小与城市居民的经济差距。因此，在此基础上，再适当降低公租房的物业管理费用，进一步降低农民工家庭公租房的使用成本，有利于增加公租房对农民工家庭的吸引力，促进农民工家庭进一步在经济上融入城市。需要注意的是，适当降低公租房的物业管理费用不应减少和降低物业服务的数量和质量。这部分支出应以财政补贴的方式支付给物业公司，以保证公租房小区的设施维护和服务质量。此外，公租房小区的维护与管理要多采用“以工代赈”的方式。小区公共设施维修、环境卫生、清洁服务等长期或临时劳务工作均可雇用小区内的农民工及其亲属来解决，一方面有利于增加农民工家庭的收入，另一方面也有利于农民工家庭对自身生活空间的主人翁意识和归属感。

第二，以配建为主，多渠道增加公租房房源。集中居住的公租房小区不利于农民工家庭维系社会关系网络，也不利于与城市居民之间的交流。因此，新建公租房应注意考虑以“配建”模式为主体，打破单一的公租房集中小区模式，构建可持续性混合社区。可以考虑以长期租赁市场上的商品房、市民捐赠、旧楼改建等方式增加公租房房源，一方面可以降低公租房建设成本，另一方面避免了大规模公租房集中的小区带来的农民工家庭城市融合的弊端。此外，对外来务工人员集中的开发区和工业园区，应引导各类投资主体建设公共租赁住房，面向用工单位或园区就业人员出租。

第三，合理规划公租房的布局，完善生活配套设施。公租房的选址要在实际调研的基础上，按照均衡布局、交通便捷、配置完善、利于就业的原则，尽可能选择在一些交通便利、环境良好的区域建设公租房。如果以集中小区的方式建设公租房，要完善公租房小区的生活配套设施。公租房小区附近应当有学校，以解决居民的子女的上学问题；公租房小区附近要有医院，以满足公租房小区居民看病的需求；公租房小区附近还要有银行和大型购物中心等，以满足公租房小区居民的日常生活需要。完善的生活配套设施，不但有利于提高公租房小区居民的生活和工作便利性，改变公租房小区是“穷人小区”的印象，增进农民工家庭的心理融合，而且可以带动公租房小区周围其他产业的发展，进而促进整个城市的经济发展。

第四，加大宣传力度，消除农民工家庭的“受害者心理”。借助电视、报纸、小区公告栏、互联网等传统媒体和新兴媒体宣传政府的公租房政策，帮助农民工家庭正确理解公租房政策，弱化公租房的福利性质，树立公租房安全、方便、舒适的新形象，从而消除居住在公租房小区的农民工家庭的“受害者心理”。此外，公租房小区的管理人员要注意掌握小区居民对公共事件的反应和心理动态，对小区居民反映的居住和生活问题应及时解决。如果暂时不能解决的，应注意向居民解释，对居民的不满情绪要及时疏导，以免加重农民工家庭的“受害者心理”，影响农民工家庭的城市融合。

6.5 完善社会保障体系，提高对农民工家庭的保障力度

按照重庆户籍改革的安排，重庆农民转为城镇居民，办理手续后，可与城市居民享受养老、医疗、失业、工伤、生育保险的权利。重庆农民转为城镇居民，办理手续后，可参加城镇企业职工基本养老保险和居民社会养老保险，将转户农民工纳入城市养老保障体系。重庆农民转为城镇居民后，有用人单位的，应按规定为转户居民办理城镇医疗保险，由用人单位和个人缴纳医疗保险费，符合条件的转户居民可办理城镇职工医疗保险。没用人单位的，以个人身份参加城镇医疗保险，其用药、诊疗项目、医疗服务范围和支付办法按照参保统筹区的具体规定执行。不愿或没有条件参加职工医疗保险的转户居民，可参加城乡居民合作医疗保险。重庆转户居民有用人单位的，应按规定为其办理失业保险、工伤保险、职工生育保险。一旦出现失业，转户农民工与正常城市居

民一样可按规定享受相应的失业保险待遇。此外，重庆农民转为城镇居民后，符合条件的困难家庭，可享受城市居民最低生活保障待遇。可见，促进重庆农民工家庭城市融合的社会保障对策主要针对未转户的重庆农民工和外地农民工。

第一，完善社会保障的资金筹措机制。将农民工纳入社会保障体系，必然会加重整个社会保障体系的负担，因此需要完善社会保障的资金筹措机制。一是进一步完善传统的由用人单位和劳动者共同缴费而形成社会保险基金的筹资机制，逐步调整、提高农民工个人账户积累基金比例，尤其是对工作稳定性差、流动频繁和回流倾向高的农民工参加养老保险进行有益探索，实行完全累积制，发挥参保激励效应，促进农民工人力资本投资。二是多渠道补充社会保障资金，如发行债券和彩票、调整财政支出结构、开征社会保障税、接受社会捐资、以提高社会保障基金运营效率为重要举措来实现保值增值等方式，多渠道筹集资金，夯实城乡一体化社会保障的经济基础。

第二，在解决社会保障的资金筹措机制问题的基础上，加大对农民工的保障力度。根据当前政策，养老保险累计缴费必须要满 15 年才能够享受相关待遇，每月最少能领取 550 元，这对农民工参保意愿影响较大。农民工如果缴费不满 15 年，只能领取水平相应低些的基本养老金。由于通货膨胀预期，农民工担忧的是现在的养老金缴费与未来收益的不成比例。即便现在领取，550 元也不足以维持一个人在城市的生活。因此，在养老保险的设计上，要体现浮动的计息水平，提高最低额标准，如能在银行定期存款利率的基础上再上浮 2%~3%，基本实现保值，或与居民消费价格指数挂钩，实现保值增值，使得农民工对养老金的信心增强。工伤保险也存在着工伤赔偿标准低、理赔期限长、流程复杂等问题。因此，将因工伤残人员的康复训练费用纳入工伤保险中支付，扩大工伤保险的支付范围，简化流程和提高赔偿标准是迫切需要解决的问题。

第三，完善各项社保制度之间的转移接续制度。完善各项社保制度之间的转移接续分为两个层面：一是要做好进城务工农民工在跨地区流动就业时基本养老、基本医疗等社会保险关系的转移接续工作，让工作流动性较大的进城务工群体不必担心跨地区流动而使自身的社会保障利益受损。二是农村新型养老保险制度与城镇居民养老保险制度和企业职工基本养老保险制度之间、农村新型合作医疗制度与城镇居民基本医疗保险制度和城镇职工基本医疗保险制度之间、农村居民低保与城镇居民低保之间的转移对接，实现各项社保制度间的互联互通。避免进城务工农民工在身份转换时社会保险权益受损。

第四，多渠道解决农民工子女入学问题。在解决农民工子女的教育问题时，应主要通过加大教育投资、扩大公办学校招生比例的方法予以解决。同时，辅之以鼓励发展民办学校的方法。公办学校教育资源紧张，但是当遇到学额有空余时，应该将这些资源优先提供给农民工子女，而不是采取“赞助”等形式以价高者得。在教育师资和教育投资上，加大对民办学校的扶持力度，提高民办学校的教学水平。同时，还要加强公办学校与民办学校以及农民工子弟学校之间的交流与合作，实现教育资源的合理规划运用，加强民办教师的教学水平培训。教育主管部门要加强监督，对学校农民工子女教育情况进行评估，确保农民工子女能够受到平等的教育。

第五，加强执法监督，确保农民工社会保障的落实。达到社会保障的目标不仅仅是制度上的安排，更要体现在执行力上。劳动和社会保障部门应加强执法力度，重点关注中小民营企业与农民工签订劳动合同的情况，企业是否按照规定为农民工及时、足额地缴纳社会保险。对于不签劳动合同和不缴纳社保的企业从严从重进行处罚。劳动监察部门则要对农民工欠薪、农民工维权的案情快速反应、深入调查、及时处理。考虑到农民工的知识水平有限，监察部门应当简化办事程序，尽快帮助农民工妥善解决与企业之间的劳动纠纷。法律援助机构可以采取各种援助措施，定期为农民工提供法律咨询，或者义务提供法律援助，解答农民工维权、索赔等问题，及时为农民工提供法律援助。社会保障部门可以在农民工聚居地通过讲座、海报、咨询活动等形式为农民工宣传讲解社会保障的功能、政策及社会保障的意义，使得农民工对社会保险、社会福利能够有正确了解，激发农民工主动参加社会保险的意识，使得社会保障政策能够普遍惠及每一个农民工。

6.6 充分借助社区平台，建立农民工家庭社区融入机制

农民工家庭的社区参与和融入是其城市融合的微观基础，只有融入了社区才有可能融入城市。在农民工社区融入的过程中，既要充分考虑农民工在社区生活的现实诉求，又要不断创新社区管理和服务方法。其关键是构建农民工社区准入机制、以社区为平台的就业服务机制、城市社区保障机制、社区参与共建机制。

第一，构建农民工社区准入机制。2011 年，民政部出台了《关于促进农民工融入城市社区的意见》（以下简称《意见》），为城市社区关于农民工的准

入制度提出了明确的方向。《意见》要求农民工融入城市社区不再受到城市社区的准入制度羁绊，社区有义务和权利为农民工提供社区服务和进行社区管理。但是，由于流动性强，社区对于农民工家庭的人口信息掌握不够及时，公共服务设施供给不足等原因，导致农民工家庭在城市社区仍处于隔离状态。这就要求社区要有针对性地建立农民工家庭社区服务制度，配备专门的社会工作人员为其提供服务，探索更便捷简易的服务流程，以便及时更新流动人口信息，因人制宜地制订服务管理方案，为农民工家庭提供一系列的便民利民服务，使其在短时间内融入城市社区。政府有关部门、街道、社区内居民也要对社区进行监督，通过阶段性的量化考核其工作，对优秀社区工作人员和团队进行表彰与奖励，以保证其工作的积极性。

第二，构建以社区为平台的就业服务机制。社区工作不好开展，在某种程度上是由于社区不能为农民工家庭提供切实有用的帮助。可以尝试建立以社区为平台的就业服务机制，为农民工提供就业服务来增加社区对农民工的吸引力和凝聚力。城市社区可以通过以下几个方面展开工作：一是搭建农民工就业中介平台，利用社区内与社区间的资源，优先就近解决农民工的就业问题，同时对劳动力市场供求进行分析并发布信息，充分发挥社区劳动力市场对农民工的就业导向和调节作用。二是建立“以劳代赈”制度，使那些暂时失业的农民工能够向社区提供“公共劳动”解决生计问题，使其在失业后的过渡期获得基本的生活保障。三是社区向农民工提供法律顾问支持，对其在工作中遇到劳资纠纷等问题时提供法律援助。

第三，构建城市社区保障机制。与就业服务一样，社区为农民工家庭提供生活保障服务也能极大增强社区对农民工的吸引力和凝聚力，进而促进农民工家庭的社区融入。社区应针对农民工家庭有的放矢地制定一套城市生活保障工作机制，通过与政府及其他部门的配合，切实为解决农民工劳动、就业、医疗保险、社会保险、社区教育、子女入学等一系列问题提供帮助。这样一来，农民工在遇到相关问题的时候会第一时间想到社区，并从社区获得有力帮助。在具体的实施过程中要注重宣传，很多时候是由于农民工不掌握相关信息，进而不能从社区获得相关帮扶。因此，社区要利用一切宣传方式，包括电视、短信、网络、海报、展板、橱窗等方式将各类服务的相关信息向社区公众公布。有条件的社区，应专门针对农民工家庭组织宣讲，让他们及时掌握相关信息。此外，在优抚救济、社会救助等福利方面应适当向农民工家庭倾斜。城市社区应把辖区内生活困难的农民工家庭列为救济救助的重点，向他们宣传相关救济、救助政策，帮助他们获得社会救助。

第四，构建社区参与共建机制，进一步增加农民工在城市社区中的话语权，使其诉求能够第一时间得到解决，同时也为社区共建贡献一分力量。城市社区的民主选举制度必须进一步完善，探索创新性途径和方法使农民工参与社区民主选举。例如，农民工在社区内合法居住一定年限后（不论租住还是购买商品房），本人便可提出申请，提交申请后经由社区内的选举委员会讨论同意，经过一定时间公示后，便可以参加社区居委会的选举。保障农民工社区参与必须建立社区工作人员民主评议制度，推动全民参加社区管理，从而保证社区服务质量和社区居民参与度不降低，提升社区自治能力。此外，社区应定期开展丰富多彩的适合农民工和社区居民参加的社区文化活动，加强社区居民与农民工群体之间的交流和沟通，消除偏见、隔阂与社会排斥，实现农民工与社区居民的和谐共处，逐步形成相互尊重、相互包容的社区融入氛围，逐步培养全体社区成员的社区归属感和认同感，从而加快农民工社区融入的步伐，形成社区共享的文化氛围。

6.7 加强对农民工的教育培训，提高农民工的综合素质

提高农民工自身素质是夯实农民工家庭城市融合经济基础的根本途径。从目前来看，农民工的教育和技能水平在很大程度上决定了他们的经济收入水平；从长远来看，随着户籍制度的弱化和劳动力市场的逐步统一，市场机制在就业选择和收入分配方面作用加大，农民工要想在劳动力市场的竞争中占据有利地位，必须具备较高的人力资本，而较高人力资本的获取，必须依赖教育和技能培训。农民工人力资本的提升，需要建立政府主导、企业投入、民工参与的互动模式，引导各方积极参与。

第一，强化政府的领导作用，进一步加强培训主体对农民工就业培训工作的引导和带动作用。农民工的教育培训需要建立一个政府、企业与社区、培训机构相结合的教育培训支持体系。在这一体系中，政府处于中心地位。除了加大宣传力度，帮助农民工树立终生教育的理念，为农民工培训创造一个良好的环境和氛围以外，政府还应通过政策积极鼓励社会力量进入农民工培训领域，使农民工培训的投资主体多元化。其中，政府需要做的是通过政策对社会力量进行引导，建立相应的扶持和奖惩机制，为农民工培训创造一个良好的环境和氛围。政府相关部门要明确任务，负责分工，资源共享，优势互补，做到主要领导亲自抓，分管领导具体抓，统一管理培训工作，要形成有计划、有目标、

有验收的培训体系。指定的培训学校要进一步整合资源，充分利用自身的专业优势，以提高农民工自主择业为目标，不断提高培训的质量和效果。

第二，根据农民工的不同文化层次和工作职业需求，开展多样化的培训方式。过去的农民工培训效果不高，一方面有农民工自身素质的问题，而另一方面政府、学校提供的培训内容不符合农民工的需求也是重要原因。这就要求农民工培训必须区分不同职业需求的农民工，因材施教，使用不同的培训方法、培训课程、培训时间和地点等。在培训内容上，可以针对农民工家庭城市融合的需要划分为3个部分：一是引导性培训，即主要开展基本权益保护、法律知识、城市生活常识、寻找就业岗位等方面的培训。这种培训可由劳动力输出地政府按照当地农民工培训的规划，统筹各类教育培训资源，以下达指令性或指导性计划的方式来进行。二是开展职业技能培训。根据我国职业标准和不同行业、不同工种、不同岗位对从业人员基本技能和操作规范的要求，以定点定向培养为主，重点是家政服务、餐饮、酒店、保健、建筑、制造业等行业的培训。此类培训可由各级政府下达指导性计划，由各类培训机构、行业和用人单位开展。三是开展农民科技文化教育培训。这种教育培训主要是以推动农业综合开发为主的教育。这应该由相关政府职能部门牵头，协调农校、农职中、农技校、农技站、农科所共同合作开展。在构筑农民工教育培训体系时，政府还要责成教育和劳动部门组织相关教育培训机构制订具体的教育培训计划，编写适合农民工特点的培训教材，培训师资队伍，以提高培训质量，搞好培训服务。要让农民工感到适合自己学和能够学会东西，从而提升培训自觉性。

第三，完善农民工就业培训的技能鉴定标准，努力提高农民工就业培训的质量和水平。政府补贴一方面降低了农民工的培训成本，另一方面也可能削弱培训机构与被培训者的制约关系，因此必须加强对农民工的职业技能鉴定和对培训机构培训绩效的考核评估。在我国农民工迫切需要培训的生产技能中，原先的国家职业技能鉴定标准有不完善或需要更新之处。这在一定程度上束缚了我国农民工培训工作的开展。因此，需要加快开发适应产业发展需求的培训鉴定标准，培养鉴定考评人员。在评价指标的设定上，应以就业为主要标准，将培训课程、培训时间、培训费用与培训后的求职时间、就业收入、就业稳定性与发展前景对照比较。在鉴定机制上，应注意培训实施机构与鉴定机构由不同机构负责，建立必要的制衡机制与回避机制。

第四，建立多元化的农民工教育培训投入机制。农民工教育培训必须完善以政府投入为引导、个人投入为主体、企业投入为辅助、民间投入为补充的多元化投入机制。一是政府对加强农民工教育培训，提升人力资源负有重要职责。目前，我国农民工对正规性、长期性培训费用的支付能力不足，政府在这方面应加大投入。地方财政应根据各地每年农民工培训的规模，从财政支出中安排专项经费扶持农民工培训工作。二是农民工教育培训应以企业需求为核心，增大企业对人力资本的投入。为鼓励企业重视对员工的职业培训，政府可以采用税费减免等经济和法律的手段激励企业加强农民工的职业培训。用人单位凡招收了农民工的应根据农民工所占职工总数比例的大小，从职工培训经费中安排多于职工平均培训经费的数量用于农民工的岗位培训。三是农民工个人投资参加教育培训也是搞好教育培训的重要环节。农民工个人投资参加教育培训是提高自身人力资本，寻找更好职位的关键，因此需要激发劳动者对自身人力资本投资的积极性，提高培训的有效性。

6.8 政府、社会组织、社区、企业多方配合，助力农民工家庭社会关系网络重构

社会关系网络是农民工家庭融入城市的“根系”，丰富完善的社会网络关系能帮助农民工家庭真正“扎根”城市。根据前文的研究，农民工家庭的社会支持系统中，血缘和地缘依然为主要纽带，但其社会融合程度的提高要依赖于友缘和业缘关系的建构。也就是说，在丰富农民工群体的非正式支持网络的同时，更要注重建构或完善他们的正式支持网络。这就要求政府、社会组织、社区、企业均要参与进来。

第一，发挥政府主导作用，加强政策支持。农民工家庭在城市社会支持网络的规模小、质量差，非常不利于其社会资源的获取和应用，在扩大这一群体社会支持网络的建设中，政府支持依然处于主导地位。除了进一步清除农民工家庭城市融合的制度性障碍，政府应基于农民工群体的弱势地位，在制定各项政策制度时，本着差别平等的原则，充分考虑这一群体的边缘角色和实际困难，给予他们一定的帮助和扶持。此外，政府应该不断加大宣传力度，弘扬社会公平和正义，通过积极引导舆论，为农民工群体营造崭新的文化气候，促进市民对他们的正确认识，不断激发他们的主体意识和融入意识。

第二，变革社会组织，增加接纳能力。既往的研究均已证明，衡量某一群体社会融合程度的一个基本指标就是他们认同或融入其所在地的社会组织的程度。当前，我国城市社会组织对绝大多数农民工来说处于封闭状态。原有的僵化的组织机制使得农民工被排斥在社会组织的大门之外，进而促使他们成为缺

乏保护和约束的边缘群体。这不仅损害了农民工群体的合法权利，更进一步增强了他们的内聚性和自组织性，使得他们与其他城市群体的区隔进一步加强。因此，有必要开展工作让社会组织承担起改变农民工社会支持网络结构的责任。对于政府管理、运营的社会组织，如工会，应出台相应规定，促使其转变观念，增强服务意识，积极接纳农民工群体，保护他们的合法权益。对于非政府组织，如法律援助组织，应鼓励农民工积极参与这些组织在城市开展的公益活动，尤其是以农民工为帮扶、援助目标的公益活动。这样一方面有利于农民工增强主体意识，另一方面也为农民工群体解决了实际问题和困难。

第三，完善社区服务，加强情感交流和互帮互助。通常来说，社区是生活在共同地域内的相互关联的人们的共同体，社区成员有共同的文化和共同的利益倾向，也是情感支持最大的载体之一。随着我国市场经济体制的不断发展完善，传统的“单位体制”已经逐渐走向解体，社区已然成为我国社会最重要的基层单位。社区是农民工聚居的地方，也是大量社会资源集中的地方，更重要的是，长期居住在一起的农民工会逐渐产生一种互助意识，也会逐渐形成群体认同。因此，对于农民工来说，社区支持已经成为他们最重要的情感和社会支持来源之一。这就要求社区转变观念，变管理为服务，将农民纳入社区管理体系之中，切实为农民工解决实际问题。同时，社区要为农民工搭建与其他城市居民一起参加社区活动的平台，让农民工也参与其中，从而加强他们之间的感情交流和互帮互助，增强农民工对其所在社区的心理认同感与信任感，促进社区融合。

第四，企业要杜绝城乡歧视，建立保障机制。企业是农民工工作的平台，是满足他们就业需求和情感需求、实现其价值的载体。但由于传统的制度性因素的制约，许多农民工游离于体制之外，无法享受单位提供的各项福利和优惠，因此不利于农民工融入城市。这就要求企业，尤其是国有企业和事业单位，要消除城乡歧视，促进同工同酬，并营造有利于农民工发挥最大效能的工作环境和生活环境，通过人文关怀促使农民工自我实现需要的满足。同时，企业要建立就业促进机制与失业保障机制，维护农民工的利益。

参考文献

[1] Graves T D. Psychological Acculturation in a Tri-ethnic Community [J]. Southwestern Journal of Anthropology, 1967, 23 (4).

[2] Bollen K A, Hoyle R H. Perceived Cohesion: A Conceptual and Empirical Examination [J]. Social Forces, 1990, 69 (2).

[3] Alba R, Nee V. Rethinking Assimilation Theory for a New Era of Immigration [J]. International Migration Review, 1997, 31 (4).

[4] Tarde G. Les lois de l'imitation [M]. Paris: Librairie Felix Alcan, 1950.

[5] Simmel G. The Metropolis and Mental Life [M]. New York: Free Press, 1902.

[6] Park E R. Race and Culture [M]. Glencoe, ILL: The Free Press, 1950.

[7] Bogardus E S. Measuring Social Distance [J]. Journal of Applied Sociology, 1925 (9).

[8] Giddens A. Sociology [M]. Cambridge: Polity Press, 2001.

[9] Gordon M M. Assimilation in American life: The Role of Race, Religion, and National Origins [M]. New York: Oxford University Press, 1964.

[10] Josine, Junger-Tas. Ethnic Minorities-social Integration and Crime [J]. European Journal on Criminal Policy and Research, 2001 (9).

[11] Berry J W. Immigration, Acculturation and Adaptation [J]. Applied Psychology, 1997, 46 (1).

[12] 托达罗. 第三世界的经济发展：上册 [M]. 于同申，等，译. 北京：中国人民大学出版社，1988.

[13] 艾尔·巴比. 社会研究方法 [M]. 邱泽奇，译. 北京：华夏出版社，2005.

[14] 郭志刚. 社会统计分析方法——SPSS 软件应用 [M]. 北京：中国人

民大学出版社，2005.

[15] 王春光. 农村流动人口的“半城市化”研究［J］. 社会学研究，2006（5）.

[16] 王春光. 新生代农村流动人口的社会认同与城乡融合的关系［J］. 社会学研究，2001（3）.

[17] 梁波，王海英，国外移民社会融入研究综述［J］. 甘肃行政学院学报，2010（2）.

[18] 田凯. 关于农民工的城市适应性的调查分析与思考［J］. 社会科学研究，1995（5）.

[19] 朱力. 准市民的身份定位［J］. 南京大学学报，2000（6）.

[20] 刘传江，程建林. 第二代农民工市民化：现状分析与进程测度［J］. 人口研究，2008（5）.

[21] 郭星华，储卉娟. 从乡村到都市：融入与隔离——关于民工与城市居民社会距离的实证研究［J］. 江海学刊，2004（3）.

[22] 卢国显. 我国大城市农民工与市民社会距离的实证研究［J］. 中国人民公安大学学报：社会科学版，2006（4）.

[23] 黄匡时，嘎日达.“农民工城市融合度”评价指标体系研究——对欧盟社会融合指标和移民整合指数的借鉴［J］. 西部论坛，2010（5）.

[24] 任远，乔楠. 城市流动人口社会融合的过程、测量及影响因素［J］. 人口研究，2010（2）.

[25] 童星，马西恒.“敦睦他者”与“化整为零”——城市新移民的社区融合［J］. 社会科学研究，2008（1）.

[26] 徐建玲. 农民工市民化进程度量：理论探讨与实证分析［J］. 农业经济问题，2008（9）.

[27] 王桂新. 中国城市农民工市民化研究——以上海为例［J］. 人口与发展，2008（1）.

[28] 任远，乔楠. 城市流动人口社会融合的过程、测量及影响因素［J］. 人口研究，2010（2）.

[29] 何军. 城乡统筹背景下的劳动力转移与城市融入问题研究——基于江苏省的实证分析［D］. 南京：南京农业大学，2011.

[30] 张文宏，雷开春. 城市新移民社会融合的结构、现状与影响因素分析［J］. 社会学研究，2008（5）.

[31] 彭远春. 论农民工身份认同及其影响因素——对武汉市杨园社区餐

饮服务员的调查分析［J］. 人口研究，2007（2）.

［32］刘晓峰，陈钊，陆铭. 社会融合与经济增长：城市化和城市发展的内生政策变迁［J］. 世界经济，2010（6）.

［33］张海辉. 不对称的社会距离——对苏州市本地人与外地人的关系网络和社会距离的初步研究［D］. 北京：清华大学，2004.

［34］杜鹏，丁志宏，李兵，等. 来京人口的就业、权益保障与社会融合［J］. 人口研究，2005（4）.

［35］钱文荣，张忠明. 农民工在城市社会的融合度问题［J］. 浙江大学学报：人文社会科学版，2006（4）.

［36］史斌. 新生代农民工与城市居民的社会距离分析［J］. 南方人口，2010（1）.

［37］胡江. 新生代农民工市民化的现状与对策——以重庆为例的调查研究［J］. 中国青年政治学院学报，2011（6）.

［38］费友海. 破解农民工市民化难题探索——重庆统筹城乡试验区的实证［J］. 农村经济，2012（10）.

［39］程湛恒. 转移制度与转移能力：基于重庆户改案例的农民工市民化研究［J］. 中国市场，2011（33）.

［40］成伟男. 重庆农民工及其家庭市民化成本问题研究［D］. 重庆：重庆工商大学，2015.

［41］顾益康. 统筹城乡经济社会发展加快农村全面小康建设［J］. 农业经济问题，2003（4）.

［42］郭翔宇. 城乡差距与县域经济发展［M］. 北京：中国农业出版社，2004.

［43］秦庆武. 统筹城市化发展和新农村建设［J］. 中国发展观察，2007(6).

［44］蒋太碧. 统筹城乡协调发展的内涵和动力［J］. 农村经济，2005（6）.

［45］鞠正江，张益刚，方清波. 论“统筹城乡经济社会发展”的丰富内涵和对策措施［J］. 中共济南市委党校 济南市行政学院 济南市社会主义学院学报，2003（3）.

［46］胡进祥. 统筹城乡发展的科学内涵［J］. 学术交流，2004（2）.

［47］田美荣，高吉喜. 城乡统筹发展内涵及评价指标体系建立研究［J］. 中国发展，2009（4）.

［48］秦庆武. 统筹城乡发展的内涵与重点［J］. 山东农业大学学报：社会科学版，2005（1）.

[49] 荆晓艳，谢怀建. 社会转型视域下的新生代农民工交往问题分析与对策思考 [J]. 重庆行政，2010 (10).

[50] 史学斌，熊洁. 家庭视角下的农民工城市融合及其影响因素研究 [J]. 人口与发展，2014 (5).

[51] 史学斌，熊洁. 公租房居住对农民工家庭城市融合影响的实证研究 [J]. 农村经济，2015 (1).

[52] 史学斌，熊洁. 家庭视角下外来农民工身份认同的影响因素研究——基于重庆的调查 [J]. 农村经济，2015 (7).

附录

2013 年重庆农民工家庭城市融合状况调查问卷

问 卷 编 号：________________

样本点编号：________________

访问员编号：________________

调查日期：2013 年 6 月____日

西南大学 · 重庆工商大学

2013 年 5 月

尊敬的先生/女士：

您好！我们是西南大学的社会调查员，本次调查由西南大学和重庆工商大学共同承担，主要目的是为了了解来重庆务工人员的生活状况，从而为重庆市政府出台更多帮扶和救助政策提供决策依据。在此，只需耽误您十几分钟时间，请把您的相关情况和想法告诉我们。我们的调查完全采取匿名形式，您无需担心您的信息泄露。对您的配合和支持我们致以衷心地感谢！

01. 您的出生年份是哪年？19 ______年（“1995 年以后出生”结束调查）。

02. 您是哪里人？ ______________（“重庆主城九区人”结束调查）。

03. 您的户口是什么？ （1）城市户口（结束调查） （2）农村户口

04. 您目前的婚姻状况是什么？

（1）未婚（结束调查） （2）已婚 （3）离异 （4）丧偶

05. 您的性别是什么？ （1）男 （2）女

06. 您的文化程度是什么？

（1）没上过学 （2）扫盲班 （3）小学 （4）初中

（5）高中/中专/职高 （6）大专 （7）本科 （8）研究生及以上

07. 您家有几口人？ ________________

08. 您哪年来重庆打工的？ ________________

09. 您现在的户籍状况如何？

（1）在重庆未办理任何居住证件 （2）办理了暂住证

（3）办理了居住证

（4）本地户口（包括本市非农业户口和本市农业户口）

10. 您从事的职业如何？

（1）农林牧副渔 （2）制造加工业 （3）建筑施工业

（4）交通运输业 （5）商业服务业 （6）餐饮服务业

（7）环境卫生劳务 （8）废旧物质回收 （9）其他

11. 您的月收入是多少？ ________________元。

12. 您的家庭月收入是多少？ ________________元。

13. 您每周工作几天？

（1）1 天 （2）2 天 （3）3 天 （4）4 天 （5）5 天

（6）6 天 （7）7 天

14. 您平均每天工作多少小时？ ________________小时。

15. 您所在的工作单位属于以下哪种情况？

（1）私营企业打工没有签订正式的劳动合同

（2）私营企业打工并签订了正式的劳动合同

（3）自己做生意（包括私营业主、包工头、自由职业等）

（4）国有企业（包含公务员和事业单位）

16. 您对目前在重庆从事的职业是否满意？

（1）很不满意　（2）不太满意　（3）无所谓（或不知道）

（4）满意　（5）非常满意

17. 您爱人是否跟随您到重庆？

（1）否（跳到19题）　（2）是

18. 您爱人所在的工作单位属于以下哪种情况？

（1）没有工作

（2）私营企业打工没有签订正式的劳动合同

（3）私营企业打工并签订了正式的劳动合同

（4）自己做生意（包括私营业主、包工头、自由职业等）

（5）国有企业（包含公务员和事业单位）

19. 虽然您的户口还在农村，但您已经在城市生活了，您认为您还是不是农民？

（1）否　（2）是

20. 您工作的单位是否有工会组织？

（1）没有　（2）有

21. 您是否参加了本单位的工会组织？

（1）没有　（2）有

22. 您觉得工会组织对您在重庆生活是否有帮助？

（1）没有帮助　（2）说不清楚（或不知道）

（3）有些帮助　（4）帮助很大

23. 您现在享受的社会保障有哪些？（不定项选择）

（1）失业保险　（2）养老保险　（3）医疗保险

（4）工伤保险　（5）生育保险　（6）以上都没有

24. 您的孩子是否跟随您到重庆？

（1）还没有孩子（跳到第28题）　（2）否（跳到第28题）

（3）是

25. 您的孩子是否在本地接受教育?

(1) 否(跳到第28题)　　(2) 是

26. 您的孩子所上学校(或幼儿园)是否是公办学校(或幼儿园)?

(1) 否(跳到第28题)　　(2) 是

27. 您的孩子进入公立学校(或幼儿园)与本地人有无区别?

(1) 否(跳到第28题)　　(2) 是

28. 这些区别主要是哪些方面?

(1) 缴纳赞助费(或借读费)　(2) 办理暂住证、居住证

(3) 买房　(4) 捐赠　(5) 其他________________

29. 您认为您和您的家庭属于以下哪种情况?

(1) 外地人　(2) 既是重庆人又是外地人

(3) 新重庆人　(4) 重庆人

30. 您在重庆的住房属于以下哪种情况?

(1) 单位工棚　(2) 单位宿舍　(3) 雇主家　(4) 单独租房

(5) 与人合租　(6) 亲友家暂住　(7) 购买商品房

(8) 其他________________

31. 您对目前在重庆的住房是否满意?

(1) 很不满意　(2) 不太满意　(3) 无所谓(或不知道)

(4) 满意　(5) 非常满意

32. 您是否考虑过在重庆买房子?

(1) 从没有考虑过(包括"不打算在本地买房子")

(2) 短期内没考虑过(包括"短期内不打算买房子")

(3) 考虑5年内买房子

(4) 已购房产

33. 您会讲重庆方言吗?

(1) 不能讲　(2) 能讲一些

(3) 能讲但当地人能听出我是外地人

(4) 能讲而且不仔细听不能听出我是外地人

34. 您是否熟悉本地特有的风俗习惯?

(1) 不熟悉　(2) 知道一些　(3) 大部分知道　(4) 很熟悉

35. 在日常生活中,您会按本地风俗习惯办事吗?

(1) 从不遵守　(2) 仅仅与本地人交往时才遵守

(3) 大部分遵守　(4) 完全遵守

36. 您所有生活在重庆的亲戚有多少？（包括配偶、子女、父母、兄弟姐妹和其他亲属）________________人。

37. 您觉得您在社会上的人际交往范围如何？

（1）很狭窄　（2）不广泛　（3）一般

（4）广泛　（5）很广泛

38. 您是否愿意与本地人交往？

（1）很不愿意　（2）不太愿意　（3）无所谓（或不知道）

（4）愿意　（5）非常愿意

39. 您在本地有多少个朋友？（本地指重庆市区）

（1）一个都没有　（2）1~2 个　（3）3~5 个

（4）5~10 个　（5）10 个以上

40. 在您的朋友中，重庆本地人占的比例是多少？

（1）没有本地人朋友

（2）本地人朋友少于外地人朋友

（3）本地人朋友和外地人朋友各占一半

（4）本地人朋友多余外地人朋友

41. 当您在重庆遇到困难了，是否会向本地朋友求助？

（1）不会

（2）若非万不得已，不会向本地朋友求助

（3）会向本地朋友求助（包括"要看具体困难""不会考虑朋友的籍贯"）

42. 当您在重庆遇到困难需要帮助，请按照先后顺序对以下求助对象进行排序。（排序题）________________

（1）亲戚　（2）老乡　（3）单位同事　（4）朋友

（5）邻居

43. 如果可以，您是否愿意把户口迁到重庆？

（1）很不愿意　（2）不太愿意　（3）无所谓（或不知道）

（4）愿意　（5）非常愿意

44. 您是否愿意子女和重庆本地人结婚？

（1）很不愿意　（2）不太愿意　（3）无所谓（或不知道）

（4）愿意　（5）非常愿意

45. 您居住的社区是否有居民委员会？

（1）没有　（2）不知道　（3）有

46. 您参与过哪些社区活动？

（1）没参与过　　　　（2）坝坝舞等文化娱乐活动

（3）治安巡逻、防火讲座等安全管理活动

（4）募捐等社会活动　　（5）选举与被选举等政治活动

47. 您是否愿意参与社区活动？

（1）不愿意　　（2）无所谓　　（3）愿意

48. 您对居住地周围邻居的认识程度如何？

（1）完全不认识　　　（2）认识很少几个

（3）认识一些　　　　（4）认识很多

49. 您感觉所在社区的本地居民是否欢迎你们在这里居住？

（1）不欢迎　（2）说不清楚（包括不知道、谈不上欢迎等）

（3）欢迎